Vampiros energéticos

Cómo aprovechar los vínculos tóxicos para transformar nuestra vida

Pablo Nachtigall

Vampiros energéticos
es editado por
EDICIONES LEA S.A.
Charcas 5066 C1425BOD
Ciudad de Buenos Aires, Argentina.
E-mail: info@edicioneslea.com
Web: www.edicioneslea.com

ISBN 978-987-634-190-5

Primera edición, 3000 ejemplares.
Impreso en Argentina.
Esta edición se terminó de imprimir en
Abril de 2010 en Printing Books.

Nachtigall, Pablo
    Vampiros energéticos : como aprovechar los vínculos tóxicos para
transformar nuestra vida . - 1a ed. - Buenos Aires : Ediciones Lea,
2009.
    128 p. ; 22x14 cm. - (Psicología cotidiana; 3)

    ISBN 978-987-634-190-5

    1. Autoayuda. 2. Superación Personal. I. Título
    CDD 158.1

Los vínculos tóxicos pueden ayudarnos a transformar nuestra vida

Durante estos últimos 10 años el mercado literario se vio invadido por libros sobre la gente tóxica. Numerosos autores presentaron trabajos interesantes donde describen los perfiles característicos de aquellas personas que tienen actitudes y conductas dañinas en relación a los demás. Si observamos a nuestro alrededor, percibiremos que 7 de cada 10 personas que conocemos mantienen alguna clase de vínculo disfuncional en el cual experimentan sentimientos de malestar, angustia y tensión.

Si bien las descripciones que presentan esos libros fueron hábilmente detalladas, muchas personas evidencian dificultades para aplicar ese conocimiento a su vida en forma efectiva. Una cosa es leer acerca de "vampiros energéticos" o personalidades tóxicas, e identificarlas en nuestra vida diaria; pero es muy distinto cuando tenemos que poner en práctica los consejos y enfrentarnos con aquellos vínculos disfuncionales en los que estamos involucrados. Y lo que es más, aceptar que nosotros mismos generamos esos vínculos tóxicos.

A veces resulta muy fácil y tentador señalar a aquellas personas que no nos agradan y ponerles un calificativo. También resulta cautivante ensayar consejos sobre cómo expresarnos y actuar frente a los vampiros energéticos. Lo paradójico es que, si realizamos una encuesta, una cantidad significativa de personas manifestará que sabe que precisa cortar el vínculo tóxico que mantiene con ellos. Sin embargo, por alguna razón que desconoce, se muestra incapaz de hacerlo.

Un vampiro energético es aquella persona tóxica que se muestra incapaz de asumir la responsabilidad de su propia vida; por ende, busca "vampirizar" a otro. Esto significa que, de alguna manera, necesita servirse de la energía vital del otro para subsistir. Es justo aclarar que para practicar este juego se precisa de otro que consienta "brindar su cuello para ser mordido por un vampiro". Decimos que un vínculo se vuelve "tóxico" cuando dos personas se relacionan de manera tal que ambas se perjudican de manera significativa y, asimismo, eligen sostener esa relación. Desde esta óptica, no existe más el "malvado" y "el pobrecito", ni el "vampiro" ni la "víctima", sino que hay dos personas responsables y co-partícipes de este vínculo tóxico. Aun cuando se nieguen a verlo, ellos están escogiendo eso.

Tanto en la familia, el trabajo, la amistad o la pareja, estamos expuestos a crear y mantener vínculos tóxicos. Lo interesante del caso es que la mayoría de las veces sabemos que ello nos perjudica y nos hace sentir mal; sin embargo, por motivos inconscientes que escapan a nuestra lógica, seguimos dentro de ese vínculo dañino.

Cuando observamos a una persona que maltrata a otra a lo largo del tiempo, el primer impulso es identificarnos con la víctima y señalar al otro como el culpable. Es harto frecuente escuchar a las personas hablar acerca de alguna amiga o amigo "que están sufriendo injustamente" a manos de otra persona.

Como psicólogo clínico, no deja de asombrarme la cantidad de pacientes que acuden a mi consultorio con la queja de que son "víctimas" de un otro que los maltrata o abusa de ellos: mujeres que sollozan por sus maridos violentos, hombres que reclaman por la insensibilidad de sus jefes, hijos que se muestran incapaces de colocar límites a sus padres demandantes, madres que no saben cómo lidiar con las actitudes infantiles y manipuladoras de sus hijos adolescentes y adultos… Todas estas personas, así como una vasta mayoría de la población, tienden a colocarse en una posición de sumisión e indefensión, donde el otro ocupa un rol de "vampiro dominante". Al parecer, manifiestan sufrir; sin embargo, no terminan de concientizarse de los "tremendos costos" que pagan por mantener un vínculo de esa clase. Por ello, pese a todo, continúan sosteniendo el vínculo que los vampiriza, succionándoles energía para vivir, avanzar y crecer plenamente.

Parte fundamental del proceso terapéutico con estas personas es lograr que acepten y reconozcan su propia responsabilidad en el vínculo disfuncional que están creando y manteniendo a diario.

En este libro expondremos casos clínicos psicológicos referidos a las diferentes clases de "vínculos tóxicos". A través de los aportes de diversos paradigmas de la psicología, la Cábala, el coaching transaccional, la ley de la atracción y maestros orientales como Osho, buscaremos comprender las razones subyacentes que están detrás de los "vínculos tóxicos". También detallaremos un mapa de trabajo para limpiar y convertir "nuestro propio lado tóxico" en un aspecto más sano y positivo que nos permita concluir este tipo de lazos y generar relaciones sanas, adultas y gratificantes con nuestro entorno.

Dar consejos puede ser tentador; sin embargo, para que las semillas que colocamos en la tierra den sus frutos se necesita un terreno apto y receptivo. A veces no se trata solamente de hablar de la manera en que aconsejan los especialistas, sino de fortalecer nuestro nivel de energía y darnos cuenta de que merecemos vivir una vida plena, sin cargar "pesos muertos" sobre nuestras espaldas.

Una relación sostenida en el tiempo con un vampiro no es mera casualidad. Por alguna razón está en su vida. Los vínculos con vampiros pueden aparentar ser maldiciones que debemos sufrir; pero si exploramos a fondo, pueden terminar siendo "lecciones de vida" muy valiosas que nos enriquezcan y nos permitan evolucionar como personas.

Lo invito a sincerarse con usted mismo y emprender esta aventura de descubrimiento hacia su interior. El otro, el "vampiro", puede ser la puerta de entrada a un proceso de crecimiento verdadero y transformador en su vida.

Pablo Nachtigall

Capítulo 1

¿Qué son los vampiros energéticos?

"La vida es muy peligrosa.
No por las personas que hacen el mal,
sino por las que se sientan a ver lo que pasa".
Albert Einstein

La palabra "tóxico" proviene del griego *toxón*, que era el veneno que se aplicaba en la punta de las flechas para herir de muerte al enemigo. Cuenta la mitología griega que, al nacer, a Aquiles, el famoso héroe de la guerra de Troya, su madre Tetis lo sostuvo del talón y lo sumergió en la laguna Estigia para volverlo invulnerable; pero su talón jamás tocó las aguas, por lo cual esa parte de su cuerpo permaneció tan indefensa como la de cualquier mortal. Aquiles se embarcó en una de las más famosas contiendas mitológicas, la guerra de Troya, donde finalmente fue herido de muerte por el príncipe troyano Paris, quien le disparó una flecha envenenada cargada de *toxón*. Esta flecha atravesó su único talón vulnerable. Desde entonces conocemos esa metáfora del "talón de Aquiles" que se utiliza para designar el punto débil y frágil de una persona.

Los mitos son relatos ancestrales que los diversos pueblos de la humanidad fueron entretejiendo para narrar sus anhelos, deseos, pasiones y, por sobre todas las cosas, trasmitir enseñanzas milenarias que nos ayudan a enfrentarnos con los desafíos que se nos presentan a lo largo de nuestra vida. Joseph Campbell, uno de los más famosos especialistas en mitología y autor del *El héroe de las mil caras*, considera el mito como la herramienta fundamental para interpretar la realidad, enriquecer la experiencia de vida y comprender los oscuros abismos de nuestra existencia. Al leerlos podemos extraer enseñanzas para lidiar con nuestras dificultades diarias.

Todos poseemos un "talón de Aquiles" que nos lleva a embarcarnos en vínculos tóxicos donde nos exponemos continuamente a ser atacados en nuestros puntos más frágiles y débiles. Hay personas cuyo "talón de Aquiles" es su falta de autoestima. Otros no saben poner límites en forma adecuada y expresar lo que sienten. Están aquellos que sienten que "no merecen" vivir una vida plena de gratificaciones y satisfacciones. Existen múltiples formas de manifestar nuestro "talón de Aquiles" en la vida. *El talón de Aquiles es aquel aspecto de nuestra personalidad que, ante un maltrato, manipulación, descalificación o control excesivo, tiende a permanecer pasivo, reaccionando en forma inadecuada, lo cual contribuye a mantenernos dentro del vínculo tóxico.* El propósito de este libro, entre otras cosas, es ayudarte a trabajar tu propio talón de Aquiles que te mantiene en una relación negativa y te impide vivir plenamente tu vida. Cuando identificamos aquellos aspectos de nuestra personalidad que no desean crecer ni avanzar, llamados "resistencias", estamos en condiciones de poder trabajarlos para luego transformarlos en aliados en nuestra vida.

¿A qué llamamos vampiros energéticos?

Un vampiro energético es una persona que permanece en una actitud y conducta negativas, que lo llevan a causar efectos tóxicos en quienes lo rodean. El vampiro energético tiene un efecto succionador de energía; ante su presencia comenzamos a sentirnos cansados, molestos, irritados o faltos de confianza. Muchas veces, este efecto no es consciente, sino que forma parte de una característica de personalidad que no es trabajada debidamente a través de una terapia psicológica o, simplemente, abriéndose al intercambio afectivo adulto con las personas. Otro de sus rasgos marcados es su falta de decisión de querer hacerse cargo de su propio toxón. El vampiro energético no quiere responsabilizarse por sus problemas o dificultades emocionales, por lo que suele practicar un hábito nocivo, denominado por el Análisis Transaccional como "El juego de la papa quemada", en donde siempre echa la culpa al otro. La "papa quemada" implica que percibo que algo me está "quemando por dentro" –como puede ser mi sensación de soledad, mi dolor, mis sentimientos de carencia o mis temores– pero como no deseo sentirlo por completo, busco otra persona que se haga cargo. De manera inconsciente, un vampiro energético se declara incapaz de afrontar todo ello; por lo tanto escoge personas que se avengan a hacerse cargo de su toxón. Como no puede tolerar esas sensaciones y emociones dolorosas internas, precisa taparlas con juegos de manipulación con su entorno. Es muy raro que un vampiro energético reconozca sus dificultades y desee hacerse cargo de ellas. Claro que cada vez que confrontemos con ellos y les señalemos sus actitudes tóxicas, tampoco querrán responsabilizarse, ya que suelen ser habilidosos para eludir el hacerse cargo de su persona. De hecho, tienen una práctica consumada en el arte de esquivar el darse cuenta y logran hacernos creer que somos nosotros quienes poseemos la culpa por sentirnos incómodos en relación a ellos y sus actitudes tóxicas.

Claro que para que pueda desplegar su juego tóxico precisa de carnadas o aparentes víctimas que suelen estar receptivas a esa descarga emocional tóxica que efectúan a diario. Los vampiros energéticos son hábiles estrategas para detectar y atacar los talones de Aquiles de estas personas. Pareciera como si tuviesen un radar que les ayuda a identificar a las personas que "colocarán sus cuellos" mansamente para que ellas puedan succionar su energía vital. Desde esta óptica, en los casos clínicos suelen observarse padres manipuladores que trasmiten su afecto desde una actitud muy exigente, pero al momento que sus hijos se niegan se las componen para hacerlos sentir culpables; o hijos que se acostumbraron a manipular a sus padres a través de la culpa. En los dos casos existe una responsabilidad compartida que perpetúa este vínculo familiar tóxico con funestas consecuencias.

¿Qué es un vínculo tóxico?

Existen miles de personas posicionadas como vampiros energéticos que necesitan de otras personas a quienes vampirizar. No es que lo deseen conscientemente, es más bien un mecanismo de funcionamiento inconsciente que los lleva a buscar personas permisivas ante sus actitudes demandantes. Cuando se encuentran con personas que de alguna manera permiten que ellos desplieguen sus actitudes demandantes y disfuncionales, es ahí que comienza a conformarse el vínculo tóxico.

Una relación se vuelve tóxica cuando a lo largo del tiempo sus integrantes mantienen un vínculo donde falta una comunicación adulta, sincera y madura. Como estas personas permanecen en el vínculo, necesitan rellenar su intercambio comunicacional con algo. Ese algo es el toxón o veneno emocional. Por lo que su manera habitual de interactuar es a través de discusiones, peleas, descalificaciones u otras formas inadecuadas de relacionarse, muchas de ellas propias de un niño.

Existen centenares de vínculos tóxicos diferentes. En todos los casos, ninguno de sus integrantes goza de libertad para crecer y enriquecerse como persona adulta debido a que está "atada" al otro. Algunos vínculos tienen un nivel de toxicidad aceptable y otros se vuelven tan intensos que alguno de sus miembros empieza a evidenciar síntomas psicosomáticos. De ahí que miles de personas involucradas en esta clase de relaciones negativas sean víctimas de un estrés personal muy fuerte, que disminuye notablemente su calidad de vida.

¿A qué llamamos toxón en nuestra vida diaria?

Continuando con la explicación mitológica, tenemos el elemento del toxón, el veneno que se colocaba en la punta de las flechas para herir de muerte al enemigo. Desde el plano psicológico, *el toxón es el elemento circulante en un vínculo tóxico, donde ambas o más personas se ven perjudicadas porque se mantienen en una relación inadecuada donde no hay un crecimiento real.* Ese toxón suele manifestarse en el lenguaje, a través de palabras y modos para comunicarse que suelen ser ofensivos y pueden herir profundamente a una persona. El valor capital de las palabras es reconocido desde hace siglos por la Biblia. Los sabios del Antiguo Testamento explican que las palabras son como flechas y como carbones que arden lentamente, pues el hombre está de pie en un lugar y sus palabras pueden arruinar y causar estragos a otra vida, a muchos kilómetros de distancia.

Las personas que participan de vínculos tóxicos suelen compartir este toxón o veneno. Se acostumbran a ello, por lo que terminan por quedarse dentro de esa relación aunque les traiga funestas consecuencias a sus vidas. Así es como existen parejas que conviven maltratándose durante años; o uno de ellos sostiene una conducta de infidelidad y el otro no dice nada ni hace nada. Todas esas conductas tóxicas suelen tener efectos hirientes similares a la muerte ya que generan en el otro inmenso sufrimiento, dolor emocional y angustia. El vínculo tóxico es similar a vivir en un estado belicoso permanente: a veces puede ser manifiesta, otras veces "una guerra fría"; hay momentos de rendición; otros de sumisión. *Pero nunca hay una paz duradera donde las personas puedan prodigarse afecto, dialogar adultamente aceptando sus diferencias y apoyarse en el crecimiento mutuo.*

En un vínculo tóxico, es habitual que se intercambie "toxón" de diversas formas:

- A través de insultos o descalificaciones.

- Gestos intimidantes y amenazantes.

- Críticas excesivamente negativas.

- Conductas rígidas y controladoras.

- Actitudes quejosas.

- Juegos de manipulación.

- Demandas constantes hacia el otro.

- Posiciones victimizadoras que inducen culpa en los demás.

- Conducta no verbal agresiva en forma frecuente, tal como golpes, castigos físicos.

- Falta de escuchar y apoyar al otro en sus emprendimientos y deseos.

- Indiferencia y ausencia emocional frente a los logros, miedos y necesidades afectivas del otro.

¿Le resulta conocido alguno de estos toxones? ¿Alguna vez experimentó una relación similar a las descritas? ¿Se encuentra involucrado actualmente en un vínculo en su ámbito laboral, familiar o social, donde esté intercambiando esta clase de toxón?

Si observa atentamente, este toxón puede estar recubierto bajo diversas capas, pero siempre termina generándonos efectos nocivos en la salud y el estado de ánimo. *El toxón es el veneno emocional que es lanzado en las interacciones que se producen dentro de un vínculo tóxico.* Es el equivalente a la moneda circulante en una nación, solo que en este caso es la energía que se intercambia en una relación tóxica, sea verbal y corporalmente, donde sus integrantes terminan padeciendo sus consecuencias nocivas.

Claro que está el segundo integrante de este vínculo tóxico, que puede reaccionar en forma similar o permanecer pasivo ante la conducta que adopta el otro. Si bien en los vínculos tóxicos suele haber una persona que tiene las características más salientes de vampiro energético, en el fondo ambos integrantes son los co-responsables de ello. La persona que aparentemente sufre los maltratos del otro elige permanecer a lo largo del tiempo en esa relación. En los próximos capítulos nos ocuparemos de explicarlo en forma más detallada.

Es importante recalcar que el propósito de este libro no es que usted vaya por la vida señalando a otros y diciendo "Ahí va la persona tóxica o el vampiro energético", ya que si bien ello puede traerle alivio momentáneo, no le servirá de nada a los efectos de salirse de un vínculo tóxico. Por otra parte, identificar rasgos tóxicos del otro es de escasa utilidad cuando no miramos profundamente nuestro propio lado tóxico. De hecho, si no tuviésemos un lado negativo o receptivo a esa clase de toxina, ¿cómo es que estaríamos involucrados en una relación tóxica a lo largo del tiempo? ¿Cómo estaríamos aguantando este toxón sin hacer nada al respecto? Usted y yo sabemos bien que cuando somos conscientes que algo está dañando seriamente nuestra salud, se activa una especie de alarma y luego llevamos a cabo una acción. *En los vínculos tóxicos esa señal de alarma parece no funcionar adecuadamente.*

Juegos tóxicos en los que participamos

Es importante comprender que en una relación tóxica existen dos o más personas que participan de esta dinámica inadecuada con efectos nocivos para la salud bio-psíquica.

Como dicen los bailarines avezados de una de las danzas más famosas del mundo: "Para el tango se necesitan dos". Un vínculo tóxico precisa de la participación de dos o más personas dispuestas a intercambiar toxón.

Podemos encontrar una explicación muy interesante acerca de la naturaleza del vínculo tóxico en la corriente psicológica denominada "Análisis Transaccional". Su creador, Eric Berne, explica la teoría de los juegos psicológicos donde los define como "series de transacciones ulteriores, superficialmente racionales, que progresan hacia un resultado previsible y bien definido". Profundizando este concepto, el psiquiatra norteamericano Poindexter define los juegos psicológicos como:

> Comunicaciones serias entre personas que se aprovechan inconscientemente de sus mutuas debilidades, procurando una ventaja fraudulenta sin saberlo
> (Kertész, 1997; p.153).

En síntesis, se dice que dos o más personas participan de un juego psicológico cuando reemplazan las relaciones humanas directas, espontáneas y honestas. En los juegos psicológicos, en vez de comunicarse abierta y adultamente, las personas interactúan con dobles mensajes, descalificaciones y falta de sinceridad, tal como sucede en los vínculos tóxicos.

Al respecto, el Dr. Roberto Kertész, pionero del Análisis Transaccional en Argentina, agrega que los juegos psicológicos implican un modo inauténtico e inefectivo de procurar la satisfacción de alguna necesidad (por ejemplo, el logro de intimidad) y tienen un carácter reiterativo. Los siguientes son algunos de los juegos psicológicos más populares que las personas suelen jugar en sus vínculos:

Los juegos psicológicos

- *Peléense entre ustedes*: La persona busca que peleen los otros para no pelearse ella. Este juego es habitual en familias donde uno de los padres es manipulador y genera peleas y competencia entre sus hijos, para no involucrarse ella.

- *Gigoló:* Una mujer capaz, pero sumisa, mantiene y soporta económicamente a un parásito.

- *Semental:* Un hombre engendra hijos, pero no los cuida ni mantiene; su objetivo es que la pareja se apodere de ellos o los transfiera a sus padres para que tengan con qué entretenerse.

- *Te agarré, desgraciado:* Es la pareja que está al acecho de las faltas del otro; cuando las pesca, le cae con todo el rigor para demostrarle que no es confiable. Es un juego muy habitual en vínculos donde predominan las descalificaciones.

- *Mirá lo que me hiciste hacer:* La persona evita la responsabilidad propia. Cuando las cosas andan mal, culpa al otro. Este juego suele ser habitual en los hombres golpeadores, que terminan echando la culpa a sus parejas por haberlos incitado a actuar violentamente. En este juego, la persona intenta probar que ella nunca es culpable de sus conductas tóxicas.

- *Sólo trato de ayudarte:* Es la persona que se posiciona como el consejero eterno, pero sus consejos generan fracasos a quien los recibe. El problema de este consejero es que nunca reconoce sus equivocaciones y el otro se mantiene dependiente de él.

¿Reconoce alguno de estos juegos psicológicos en su vida? ¿Ha tenido algún vínculo tóxico donde los ha practicado? Estos son algunos de los cientos de juegos psicológicos que han sido descritos magistralmente por Eric Berne en su best seller *Juegos en que participamos*. En los vínculos tóxicos se practican diferentes juegos psicológicos. En todos ellos, sus integrantes se encuentran inmersos en una relación que no los beneficia, los afecta negativamente, generándoles un estrés perjudicial para su salud. Si los juegos psicológicos son tan nocivos ¿por qué son practicados por tantas personas, aun a riesgo de los considerables daños que se ocasionan a sí mismos? Explica el Dr. Kertész que los juegos psicológicos son practicados debido a que, de alguna manera, aportan "seudo ventajas" a sus participantes. Esto mismo es totalmente extensible a los vínculos tóxicos.

En la práctica psicológica es interesante bucear y trabajar sobre aquellos rasgos de nuestra personalidad que se ven expuestos a involucrarse en un vínculo tóxico. Es interesante notar que pese a las interminables quejas y malestares que se manifiestan, los pacientes suelen elegir permanecer dentro de ese juego tóxico vincular. Es nuestra labor como terapeutas ayudarlos a trabajar su propio "talón de Aquiles", para sobreponerse a su necesidad emocional de estar dentro de un vínculo tóxico donde suelen practicar juegos psicológicos de este tipo.

Sin embargo aquí hacemos una salvedad: *los vampiros energéticos también poseen su lado vulnerable, su "talón de Aquiles".* Un vampiro energético es una persona que precisa lanzar su toxón, su veneno emocional a otro. Es incapaz de vivir una vida de manera inter-dependiente; al contrario, necesita depender de otro para vampirizarlo. En el fondo, es una persona tremendamente insegura que requiere de un otro para sobrevivir. El problema es que lo hace a costa del bienestar de la persona. Es entonces cuando se vuelve un vínculo que genera un efecto intoxicante en las personas con las que se relaciona.

¿Usted es consciente de cuál es su "talón de Aquiles" en una relación? ¿Se encuentra dentro de un vínculo tóxico? ¿Qué efectos le está trayendo a su vida?

Todos tenemos un lado "vampiro"

Existe una diferencia muy importante que deseo remarcar en este libro: todos tenemos momentos en los cuales tendemos a actuar como vampiros energéticos. A veces entramos en estados emocionales y actitudinales de queja, enojo destructivo, depresiones infantiles, actitudes de demanda y manipulación hacia los demás. ¿Recuerda algún momento de su vida en que manifestó alguna de estas u otras conductas tóxicas hacia otras personas? ¿Cuál fue la reacción que despertó en los demás?

La diferencia fundamental entre tener momentos tóxicos y posicionarnos en una actitud claramente tóxica, es que en el primer caso podemos entrar y salir de ese patrón disfuncional siendo conscientes y pudiendo corregirlo. En cambio, una persona que se coloca en la posición de vampiro energético recurre frecuentemente a conductas que generan daño emocional en el otro; por otra parte, demuestra serias dificultades para hacerse cargo de su propio toxón. De hecho, el vampiro energético se caracteriza por no querer asumir su responsabilidad, ya que eso sería similar a una capitulación frente al otro. Por ello evita toda clase de situaciones que lo obliguen a mirar dentro de él y examinar en profundidad sus rasgos negativos de personalidad. Los vampiros energéticos casi nunca acuden a una terapia psicológica por propia voluntad y, si lo hacen, suelen durar poco en el tratamiento o pueden terminar intentando manipular al terapeuta. Con ello no estoy afirmando que no hay posibilidad de retorno para un vampiro energético. Toda persona puede recobrar su lado más humano y consciente. Pero esto es una cuestión de quererlo, de desear crecer como persona y observar nuestras zonas oscuras. Un adicto a la droga, un alcohólico, un violento, un manipulador o un fumador compulsivo, pueden comenzar a salir de sus círculos viciosos cuando reconocen que tienen un problema y piden ayuda para hacerle frente. Sin este reconocimiento, es casi imposible el cambio verdadero y transformador. *El vampiro energético siente que su crecimiento solo será posible a costa del otro.*

Capítulo 2

¿Por qué nos atraen los vampiros energéticos?

*"No para de hablar pero...
me dice cosas tan lindas al oído".*
Una mujer acerca de su amante

Un vampiro energético tiene un atractivo especial que convoca a una relación, aun a costa de padecer sufrimientos y dolor. Para entender este atractivo que ejercen en nosotros, es interesante remontarnos a los mitos donde –a lo largo de los siglos– fueron inmortalizados los vampiros, tanto en la literatura como en el cine. Según las diversas leyendas, se denomina vampiro a un ser inmortal que precisa de la sangre humana para alimentarse y perdurar por los siglos. Estos seres suelen succionar la sangre a través del acto de morder en el cuello de sus víctimas con sus afilados dientes. La literatura escrita acerca de los vampiros se extendió hasta los confines de la tierra, generando una ola de admiración y fanatismo por parte del público. La idea de vampiro nos remite a seres que precisan de otros para subsistir. En el siglo XIX, Lord Byron, uno de los autores más relevantes del Romanticismo, escribe un poema épico –"El Giaour, fragmento de un cuento turco" (1813)– donde hace referencia al trágico destino del vampiro, condenado a beber la sangre y a arruinar la existencia de las personas que ama.

Por diversos motivos conscientes e inconscientes, los vampiros ejercen un efecto fascinador en nuestra psiquis. Desde Bram Stoker, autor de *Drácula*, hasta Anne Rice, creadora de la trilogía de *Entrevista con un vampiro*, o Stephenie Meyer, la autora de la saga *Crepúsculo*, millones de personas no cesaron de leer sus obras y rendir tributo al poder cautivante de los vampiros. En todas estas novelas el vampiro es representado como una criatura sensual, con el poder de seducir a su víctima y someterla a fin de succionar su sangre o fuerza vital. De hecho, el acto de morder el cuello de una persona tiene connotaciones sexuales y eróticas. El cuello es una zona erógena de nuestro cuerpo muy sensible al contacto, los besos y las caricias. Se cuenta que uno de los actores más famosos que haya interpretado a Drácula en Hollywood, Bela Lugosi, era asediado en su vida por cientos de mujeres deseosas de sentir su "mordida vampírica" en sus cuellos.

La atracción por el poder

· El mundo vampírico es mostrado como el reino de lo oculto, peligroso y secreto, pero a la vez insinuante y atrapante. Generalmente, quienes representan a los vampiros en las películas son actores o actrices de porte elegante, atractivo y sensual. Excepto en algunos ejemplos aislados, como *Nosferatu* (tanto en la película original, de 1922, como en su *remake* de 1979), es muy difícil encontrar una película de vampiros con personajes feos y poco interesantes. Las mujeres vampiros, por ejemplo, son encarnadas por el prototipo de *femme fatal*, aquella hembra sexy y sensual que seduce a los hombres hasta poseer su cuerpo y su alma. Por otra parte, existe esa cuota insoslayable de poder que resulta embriagante para el común de las personas. Un vampiro suele disponer de un control de sus emociones y un poder semejante al de un superhombre: es más fuerte, rápido y prácticamente invulnerable. ¿Quién de nosotros no ha ambicionado alguna vez en su infancia o adultez poseer semejantes atributos a fin de ejercer ese poder sobre los demás?

Otro concepto que merece un análisis más detallado del porqué de nuestra fascinación con los vampiros es el de la inmortalidad. Los vampiros son seres que viven a lo largo de los siglos, presenciando como testigos los diversos hechos de la humanidad. En determinados momentos y en lo más recóndito de nuestra psiquis, todos los seres humanos experimentamos la fantasía de querer perpetuarnos en el tiempo, poder alargar nuestra existencia más allá de los límites humanos. El vampiro representa ese deseo profundo y omnipotente de permanecer joven, inalterable y sin muestras del paso del tiempo. Para una sociedad occidental como la nuestra, donde la belleza física es uno de los valores más importantes y en la cual crece a pasos agigantados el número de personas que se someten a cirugías estéticas, el concepto de juventud eterna presente en el vampiro se torna una idea irresistible y fascinante.

La muerte es otro tema muy presente en el vampirismo, ya que hay un constante jugueteo con ella. El vampiro es retratado como un ser con el poder de aniquilar a quien considere innecesario; es una criatura poderosa que puede matar a quienes lo estén estorbando o se opongan a sus designios. Se trata de alguien que tiene la capacidad de caminar sobre la muerte, sin verse afectado por ella. Sus habilidades sobrenaturales le permiten afrontar peligros y enfermedades sin caer presa de ellos. Es un ser prácticamente indestructible con una dosis de confianza muy alta en sí mismo. ¿Cuántas veces Usted ha soñado con poseer ese halo de invulnerabilidad y seguridad frente a las personas que le han generado angustia y temor?

El concepto de vampiro, tanto sea en sus manifestaciones literarias, artísticas o cinematográficas, caló profundamente en el inconsciente colectivo de millones de personas. Es una invitación a descubrir nuestro lado oscuro y liberar nuestra sensualidad, sensibilidad y potencia, del mismo modo que nuestro poder personal, a menudo oculto por diferentes temores. Muchas personas mantienen su lado vital y animal escondido debajo de una conducta políticamente correcta. En la literatura y filmes, el vampiro es aquel que tiene el permiso para mostrar su naturaleza vital sin "maquillajes". ¿Cuántas veces usted ha deseado mostrarse tal como es, sin tener que fingir sus emociones a fin de agradar a los demás?

Como último concepto a considerar en esta lista de motivos por los cuales los vampiros ejercen un efecto cautivante, quisiera remitirme a sus debilidades. Gracias a las películas y los libros, todos sabemos que los vampiros sólo pueden morir o ser destruidos si se les clava una estaca en su corazón. Además, todos sus poderes y encantos irresistibles pueden desaparecer cuando son expuestos a la luz del día.

Cuando entramos en contacto con los vampiros energéticos de carne y hueso, (la "gente tóxica" que retrata hábilmente el exitoso Bernardo Stametas) y llegamos a involucrarnos en un vínculo que parece absorbernos por completo, es bueno saber que al llevar la "luz" de nuestra conciencia podemos quebrar ese encanto maléfico. *Cuando realizamos un trabajo terapéutico que nos permite "alumbrar" nuestras propias zonas oscuras, así como poner al descubierto los juegos psicológicos tóxicos del vínculo en cuestión, podemos iniciar el proceso de liberación.* Esto equivale a exponer el vínculo tóxico a la "luz del sol" para destruir la toxicidad presente y transformarla en una oportunidad para enriquecernos como personas.

¿Está dispuesto a exponer sus relaciones tóxicas a la luz del sol? ¿O desea permanecer en la oscuridad de sus vínculos tóxicos?

El magnetismo del vampiro

Un vampiro energético tiene cierto magnetismo y atractivo para determinadas personas. Ejerce un efecto que insinúa peligro, fuerza y excitación en los demás. No es casualidad que existan tantas parejas que convivan a base de maltratos. O amistades donde siempre está el amigo que "necesita y demanda" nuestra atención y afecto, sin que él devuelva con la misma moneda. También están las personas que permanecen en ámbitos laborales, estancados en una atmósfera mediocre y negativa con colegas y jefes de mal talante y trato poco afectuoso. Sin olvidarnos de la inmensa cantidad de personas que eligen permanecer y sostener vínculos familiares tóxicos donde su vitalidad y energía es succionada a diario. En todos estos casos y muchos otros, existe una corriente subterránea de factores que contribuyen a que los vínculos tóxicos se mantengan en el tiempo.

Los vampiros energéticos tienen cierto poder de seducción y manipulación. Como los vampiros de las novelas, pueden ejercer una suerte de hechizo que mantiene a sus víctimas en un estado de trance, para ir gradualmente sometiéndolas e ir quitándoles su energía o savia de la vida que tanto precisan para mantenerse frescos y vivos. Claro está que estas víctimas no son meros infortunados sin opción de decisión. Por el contrario, como veremos a lo largo de este libro, son co-partícipes responsables de este proceso tóxico.

Otro de los puntos por los que los vampiros generan una atracción muy fuerte en algunas personas es la atención y la intensa afectividad contaminada que pueden brindar a los otros. Para miles de personas que han estado privadas de cariño y atención por parte de sus padres, este trato que dispensa un vampiro energético es una suerte de bálsamo, ya que les brinda aquello que siempre les ha faltado de manera exclusiva. Los vampiros energéticos suelen estar muy presentes, pero a la vez demandan una dosis extra de atención y cariño que "cuesta muy caro" para quienes se vinculan con ellos. Por ello es que, pasados los primeros momentos de enamoramiento o deslumbramiento con la otra persona, sea en el rol de amigo, pareja o jefe, la persona comienza a sentir que ha hecho un "pacto fáustico" y que está pagando con su propia sangre vital. Recordemos que *Fausto*, la famosa obra clásica de W. Goethe, narra la historia de un hombre que está fatigado de la vida y decepcionado de la ciencia, por lo que hace un pacto con el diablo que le devuelve la juventud a cambio de su alma; muchas personas que se involucran en un vínculo tóxico han efectuado una suerte de pacto inconsciente en el cual se sienten deseadas y queridas a cambio de un costo muy alto, semejante al de su alma. Los profesionales de la salud vemos a diario este hecho en la clínica de mujeres que han sido víctimas de la violencia familiar. Uno de los sellos característicos de la mujer golpeada es su apego y necesidad de ser querida por un hombre que la maltrata. Estas mujeres eligen continuamente renovar su vínculo tóxico a cambio de recibir una pizca de amor y atención, mismo que eso las degrade y perjudique a ellas y a sus hijos. Deciden entregar su alma a cambio de un amor contaminado, debido a que ellas mismas contienen las semillas para involucrarse en una relación tóxica de esas características.

Un caso clínico

Recuerdo el caso de una mujer que atendí durante seis meses debido a su enorme dificultad para cortar un vínculo de casada que mantenía desde hacía 20 años con un hombre que la maltrataba desde que se fueron de luna de miel. Esta mujer se quejaba amargamente de su marido, principalmente de sus descalificaciones hacia ella y sus hijos. En cada encuentro manifestaba su deseo vehemente de divorciarse, pero cuando explorábamos las opciones concretas para comenzar el proceso de separación, enseguida se ponía nerviosa y quería cambiar de tema. Cada sesión venía con la misma queja y enojo. Y así pasaba el tiempo sin que aconteciesen cambios en su situación. Al final, decidió abandonar el tratamiento molesta porque "sentía que la terapia no la había ayudado". Recuerdo que tuve una sensación de frustración muy grande, creyendo que realmente era mi culpa, hasta que entendí que esta persona no quería en verdad modificar su situación de malestar. Ella prefería mantener su "pacto fáustico" con su marido violento pese a los problemas de salud que le ocasionaba.

¿Usted también estuvo involucrado o lo está en un vínculo tóxico donde sintió que entregó su alma a cambio de obtener amor y atención? ¿Qué costos tuvo que pagar para mantener ese pacto fáustico?

Capítulo 3

Tóxico vs. Vínculos tóxicos: ¿Usted de qué lado está?

"Entre usted libremente y
por su propia voluntad".
Fragmento de *Drácula*, de Bram Stoker

Muchos vampiros energéticos pueden darnos preavisos acerca de sus actitudes negativas; sin embargo, nuestra tendencia suele ser descalificar esas señales claras de toxicidad e involucrarnos de lleno con esa persona. Al cabo de un tiempo se conforma un vínculo tóxico y comenzamos a sentirnos intoxicados, es decir ansiosos, angustiados, enojados... pero seguimos dentro de ese vínculo de manera inexplicable hasta que no aguantamos más, sea porque empezamos a padecer síntomas en nuestra salud o algún otro hecho. ¿Por casualidad le ha sucedido esto alguna vez en su vida? ¿Ha tenido que aguantarse dentro de un vínculo tóxico sin saber cómo iba a salirse del mismo?

El siguiente caso clínico nos muestra cómo podemos dar vuelta la cara ante lo evidente:

Alejandra tiene 35 años y es una profesional que ha logrado una estabilidad económica importante en su vida. Es una mujer joven, soltera y bonita a la que le gusta estar informa-

da acerca de la realidad actual. Tiene amigas de su grupo de yoga con las que gusta salir y compartir libros de autoayuda. Hasta ahora, ella se jactaba de que todas sus relaciones de pareja habían sido 'estables' sin ningún tipo de sobresaltos. En el último tiempo conoció a Luis, de quien se enamoró inmediatamente. Al principio todo era plácido, novedoso y excitante: Luis la trataba como a una reina y le obsequiaba diferentes atenciones que la hacían sentirse especial. Sin embargo, al cabo de un tiempo, Luis comenzó a tornarse demandante en sus atenciones, exigiéndole que pase más tiempo con él y deje de ver a sus amigas o practicar actividades relacionadas con su bienestar. Alejandra, sin entender bien los motivos, comenzó a acceder a sus demandas y progresivamente dejó de verse con sus amigas para pasar todo el tiempo con Luis. Al poco tiempo ambos se fueron a vivir juntos y ahí empezaron los malos tratos y descalificaciones diarias. Un año después Alejandra iniciaba un tratamiento psicológico para poder cortar el vínculo tóxico con su pareja, ya que sentía que no tenía fuerzas suficientes para hacerlo por sí misma.

Si reflexiona atentamente acerca de su vida pasada y actual, verá que siempre han existido invitaciones sutiles para involucrarse en algún vínculo tóxico. También podrá observar que hubo señales sutiles o explícitas acerca de la esencia de esa persona; pero usted, debido a su falta de información o preparación psicológica, las ha desestimado. Quizás usted ha accedido a alguna invitación creyendo que no había nada peligroso y ha formado parte de una relación laboral, de pareja o amistad donde se ha sentido "succionado" por esa persona. Y mismo así, decidió continuar dentro de esa relación.

Un vínculo tóxico en el inicio suele presentarse como una oportunidad atractiva e insinuante de experimentar nuevas sensaciones o sencillamente de dejar de sentirnos solos. El problema radica en que, a medida que transcurre el tiempo, esa relación que parecía interesante comienza a volverse densa, negativa. Y ello se evidencia a través del toxón que comienza a circular entre ambos: discusiones, peleas, celos incontrolados, descalificaciones, agresiones físicas. *Hay personas que ingresan a esas relaciones tóxicas en forma sistemática y repetitiva.* No saben cómo, pero viven rodeadas de estas situaciones vinculares tóxicas: sufren por tener un jefe malhumorado que las maltrata, tienen amistades que viven quejándose y usándolas como "pañuelo de lágrimas", y su pareja las critica sin cesar. Lo más interesante es que pasan los años y sigue dentro de esos vínculos tóxicos o puede "fabricar" nuevos vínculos de esa clase, por lo que su salud comienza a deteriorarse y su estado anímico decae. Al cabo de cierto tiempo, esta persona puede terminar invariablemente en tratamiento psiquiátrico, ingiriendo psicofármacos. He conocido casos de intentos de suicidio debido a que la persona en cuestión tenía "una diversa colección" de vínculos tóxicos familiares y de pareja que la asfixiaban y le generaban un estado depresivo marcado. Esta persona no sabía cómo salirse de esas relaciones negativas y, a modo de respuesta desesperada, llevaba a cabo intentos de suicidio.

Sus vínculos tóxicos reflejan su interior

Todo esto nos conduce hacia un concepto fundamental para entender por qué la gran mayoría de las personas se ha involucrado en algún momento de sus vidas en un vínculo tóxico: no existe demarcación; es decir, no es posible saber que el vampiro energético está por un lado y nosotros en otro. *Creer que los de afuera son los tóxicos y nosotros los sanos, puede ser un grave error conceptual.* Es como pensar que el mundo se divide en buenos y malos, blanco y negro. Aaron Beck, uno de los pioneros de la psicología cognitiva, explica que muchas veces solemos distorsionar la realidad que percibimos en base a esquemas cognitivos que tenemos. Estos esquemas constituyen el sistema de creencias que sostenemos acerca de la vida, nosotros mismos y quienes nos rodean. Existen diversas maneras de distorsionar la información que percibimos: la polarización es uno de los mecanismos de distorsión cognitiva por el cual clasificamos las experiencias en una o dos categorías opuestas y extremas, pasando por alto la evidencia de valoraciones y hechos intermedios. Desde esta óptica, sólo tendemos a ver "amigos" o "enemigos", sucesos "buenos" o "malos". Siempre terminamos cayendo en esas valoraciones extremas. Nos resulta muy difícil contemplar los matices grises de cada situación o persona, inclusive de nosotros mismos.

Por ello, déjeme nuevamente alertarle acerca de la polarización y contarle que puede traerle funestas consecuencias a su vida. Creer que la vida se divide entre los "vampiros energéticos" y nosotros, puede ser un error muy caro que lo limite significativamente en su vida. No existe la gente tóxica y nosotros. Muchas veces, incluso, señalamos al de afuera como una persona tóxica o vampiro energético debido a que refleja características nuestras que nos disgustan y que no terminamos de aceptar en nosotros. Ya en el siglo XVIII un famoso sabio judío –el Baal Shem Tov– enseñaba que, cuando observamos a alguien que nos molesta e irrita profundamente, debemos dar las gracias a Dios porque nos ha enviado un espejo de aquello que precisamos trabajar en nosotros. Esta misma afirmación fue comprobada posteriormente en la clínica psicológica por el famoso psiquiatra suizo Carl Gustav Jung, cuando hablaba acerca del fenómeno de la proyección, que consistía en la falta de integración del arquetipo de la sombra en la conciencia, lo que originaba multitud de proyecciones. Jung explicaba que la sombra proyectada era la causante de la gran mayoría de "ruidos" psíquicos que se generaban y obstruían la comunicación entre las personas. De ahí que solemos acusar a los demás de defectos que anidan en nuestro interior y que no nos gusta reconocer como tales.

Al respecto es muy interesante el comentario que aporta la analista jungiana Marie Louise Von Franz:

> Cuando un individuo hace un intento para ver su sombra, se da cuenta (y a veces se avergüenza) de cualidades e impulsos que niega en sí mismo, pero que puede ver claramente en otras personas, cosas tales como egotismo, pereza mental y sensiblería; fantasías, planes e intrigas irreales; negligencia y cobardía; apetito desordenado de dinero y posesiones. (Jung, 1995, p.168)

Todos poseemos un lado tóxico negativo que demanda afecto y atención de manera inadecuada. A veces somos conscientes de ello y otras no. Hay momentos en que podemos actuar como vampiros energéticos, demandando atención y energía de los otros de manera excesiva.

De hecho, estamos sujetos a manifestar conductas y actitudes tóxicas hacia nosotros mismos y los demás. ¿Acaso nunca se ha sentido ofendido porque su pareja o amigo del alma prestaban más atención a otra persona? ¿Alguna vez ha intentado controlar a otro de manera inadecuada? ¿Se ha conducido de manera autoritaria con sus hijos, familiares o subordinados? ¿Nunca ha explotado de enojo sin razón aparente?

Todos somos pasibles de posicionarnos como vampiros energéticos y lanzar nuestro toxón o veneno emocional a otros. En algunos este aspecto está más intensificado y manifiesto. *Pero todos tenemos ese lado oscuro que puede volverse en nuestra contra o de los demás.* A lo largo de mi trabajo con pacientes que padecían algún tipo de depresión, he observado que muchos de ellos no evidenciaban esos síntomas negativos anímicos anteriormente; fue a partir de un suceso desencadenante –como la pérdida de un trabajo de muchos años, divorcio inesperado por infidelidad o la salida de los hijos del hogar– que entraban en estados emocionales negativos tales como la queja constante y el enojo pasivo. Muchos de ellos elegían permanecer en esa negatividad pasiva y melancólica sin hacer nada para salirse de ella, con lo cual tornaban un infierno sus vidas y la de quienes los rodeaban.

Lo que marca la diferencia entre un "vampiro energético" y alguien más lúcido es su nivel de conciencia acerca de sí mismo. Un vampiro energético posee un bajo coeficiente de inteligencia emocional que lo lleva a eludir la responsabilidad de sus actos, de sus emociones y a buscar personas que se hagan cargo de su "paquete tóxico". De acuerdo a Daniel Goleman, la inteligencia emocional es la capacidad para reconocer sentimientos propios y ajenos, y la habilidad para manejarlos adecuadamente. El autor prosigue explicando que la inteligencia emocional engloba diversas capacidades tales como conocer las emociones y sentimientos propios, manejarlos, reconocerlos, crear la propia motivación, y gestionar las relaciones. Una persona con un alto coeficiente emocional es aquella que demuestra poder desarrollar vínculos donde hay un intercambio afectivo adulto, gratificante y placentero. En el caso del vampiro energético, es una persona que, aun teniendo la posibilidad de redimirse e ir adoptando mayor conciencia y educación emocional que le permita salir de su círculo vicioso, se niega a ello, sumiéndose en su patrón de interacción negativo. Tal es el caso del film español *Te doy mis ojos,* que trata de un hombre violento que vivía con su mujer a quien amaba. El film es sumamente interesante ya que presenta la otra cara de la moneda, en la cual retrata a este hombre acudiendo a reuniones de autoayuda para hombres golpeadores. A medida que aumenta su conciencia de actuar violentamente y adquiere herramientas para aplacar su enojo, este hombre comienza a efectuar tibios progresos. Sin embargo, llega un punto donde su furia y sensación de abandono lo dominan por completo y termina sumiéndose en su archiconocido vínculo de violencia. Esta persona tenía una opción, pero la desperdició. Claro que le hubiese resultado muy difícil, pero a fin de cuentas podría haber continuado profundizando su proceso para tratarse, pero no quiso. Prefirió dejarse vencer por su "lado oscuro" y culpar a su mujer por ello, en vez de hacerse responsable de su propio toxón.

Este suele ser el caso de las diversas clases de vampiros energéticos a quienes no les gusta asumirse responsables de cargar y elaborar su propia toxicidad. Precisan culpar a otros de ello. Y son sumamente hábiles para encontrar a esas víctimas y convencerlas de ello.

¿Qué rol elige actuar en sus vínculos tóxicos?

Es importante recordar que toda persona tiene la capacidad de decidir en qué lugar del vínculo se posiciona. Puede elegir colocarse como una víctima, dejándose succionar su energía vital por una persona tóxica. También puede elegir actuar como un vampiro energético y buscar permanentemente otras personas a quienes controlar, martirizar y manipular. En ambos casos, usted prosigue dentro del vínculo tóxico obteniendo resultados negativos y perjudiciales para su salud biopsíquica. Existe una tercera posición que implica salirse de ese vínculo tóxico y contemplarlo desde una distancia que le permita ser más objetivo a fin de no involucrarse nuevamente en él. Este libro trata acerca de ello, de comprender y salirnos adultamente de los vínculos tóxicos que amenazan con destruir nuestra vida. Tal como relata el mito, todos poseemos un héroe interior con asombrosas capacidades para sobreponernos a las dificultades y enfrentarnos con los peligros que nos acechan. A diferencia del famoso héroe mitológico Aquiles, que no conocía cuál era su punto vulnerable, aquí usted aprenderá a identificar su "talón de Aquiles" a fin de comprender las razones por las que elige mantenerse dentro de un vínculo tóxico.

¿Es consciente de su lado tóxico?

Aceptar que tenemos lo negativo y positivo cohabitando dentro de nosotros es un concepto difícil de digerir para la mayoría. Sin embargo, esta idea ya es explicada en el Antiguo Testamento, la Torá, cuando se explica que el hombre tiene un instinto bueno y uno malo. La Biblia explica que el instinto bueno es aquel que desea acercarnos a Dios a través del cumplimiento de los preceptos, actos de bondad y estudio de la Biblia. En tanto que el instinto malo es quien trata de desviarnos de ese camino, generándonos toda clase de distracciones para que no avancemos hacia la conexión divina. Desde el plano psicológico, el instinto bueno representaría nuestro aspecto sano que desea abrirse a una vida de vínculos saludables, armoniosos y amorosos. Por su parte, el instinto malo sería aquel aspecto anclado en el dolor, los miedos y falta de afecto que quizá hemos tenido a lo largo de nuestra vida. Cuando en nuestra vida predomina este "lado malo" y no lo hacemos consciente, como sugiere la psicología cabalística, termina por dominar nuestra vida. Desde esta perspectiva podemos entender por qué millones de personas alrededor del mundo continúan escogiendo vínculos tóxicos aun cuando saben que ello no es bueno para ellos. Inclusive naciones enteras han decidido ser representadas por gobernantes autoritarios que "vampirizan" a su pueblo impidiéndoles la libre expresión.

La psicología moderna también puede ayudarnos a comprender mejor este fenómeno. El Análisis Transaccional enfatiza que todos poseemos un niño interno que nos acompaña durante toda la vida. John Bradshaw, un famoso psicoterapeuta estadounidense y autor de *Nuestro niño interior*, explica lo siguiente:

> Cuando el desarrollo de un niño se frustra y sus senti-
> mientos se reprimen, especialmente la ira y el dolor, ese
> pequeño se convertirá físicamente en un adulto, pero en
> su interior permanecerá ese niño interior airado y herido.
> Ese niño interno contaminará espontáneamente la conduc-
> ta de la persona adulta…Hasta que reclamemos y defen-
> damos a ese niño, seguiremos alterando y contaminando
> nuestra vida adulta. (Bradshaw, 1993, p.26)

Un vampiro energético adulto posee un niño interior que ha sido muy herido y descuidado, por lo que dicho niño se vuelve deman- dante de atención y afecto. Imagínese la clase de vida que tendrá un adulto cuyo niño interior no para de chillar y patalear a fin de ser satisfecho en sus necesidades. El problema es que el pensar y sentir del adulto se ve intensamente contaminado por las carencias afectivas de su niño interior. Ello lo puede conducir a percibir a los demás de manera similar a la de un niño. Por ende, su modo de vincularse responderá a esas necesidades infantiles no resueltas. Es allí cuando, al entrar en contacto afectivo con las personas, todas sus heridas emocionales se despiertan nuevamente, activándose el dolor y furia que anidan en él. En el caso de un vampiro energético, se caracterizan por no querer hacerse responsables de esas heridas ni del dolor emocional sufrido, por ello buscan desesperadamente establecer vínculos tóxicos que los sacien. Sin embargo, lejos de apagarse, su sed persiste y requiere de nuevas dosis de energía afectiva, tal como sucede con un adicto a su sustancia adictiva, similar al vampiro de la literatura, cuya sed nunca se satisface.

Jung ahondó el concepto del arquetipo de la sombra que tam- bién resulta un aporte muy valioso para comprender mejor nuestro aspecto interno de vampiro energético. Él explicaba que el acto de percibir la sombra era equivalente a mirarse en un espejo que nos muestra los recovecos de nuestro inconsciente personal y, por lo tanto, aceptar nuestra sombra es aceptar el "ser inferior" que habita en nuestro interior.

El famoso director de cine George Lucas era un profundo admira- dor de la obra de Joseph Campbell, uno de los mitólogos más im- portantes del mundo, quien a su vez se basó en las obras de Jung.

No es casualidad que en una de sus películas más famosas y taquilleras del mundo, *La guerra de las galaxias*, Lord Darth Vader invite a su hijo Luck a pasarse al lado oscuro de la fuerza con la promesa de obtener un inmenso poder. Esta escena fílmica tan recordada nos muestra que vivir una vida sin límites, liberando nuestro lado oscuro, es una tentación muy grande que encierra la posibilidad de sentirnos más fuertes y poderosos. El problema de esta vitalidad que anida en nuestra propia sombra es que, sin un trabajo terapéutico de clarificación consciente, se vuelve una fuerza destructiva. Eso es lo que se observa en los vampiros energéticos cuando sueltan su lado oscuro sin mediar un análisis responsable de su propia persona. Se pueden volver potentes y fuertes, pero inmensamente destructivos. *Las personas que encaran el trabajo con su sombra o lado tóxico aprenden a transformarlo, recuperando una inmensa vitalidad que se vuelve constructiva, en vez de destruir y arrebatar energía a otras personas.*

Las polaridades que anidan en usted

Esto nos lleva a un concepto central denominado "polaridad". Nuestra vida es regida por polaridades: Másculino-Femenino, Ying-Yang, Pasivo-Activo. La polaridad es un concepto que se halla presente en nosotros desde el inicio de la humanidad. Incluso desde la Biblia se señalan polaridades como malvado - bondadoso, ángel–demonio, bueno–malo, cielo–infierno. Jung se refirió a ello en su libro *Misterium Conjuntionis*, explicando que todo está compuesto de dos polos, un par de opuestos donde los similares y los antagónicos son exactamente lo mismo. A su vez, Fritz Perls, el genial creador de la terapia gestáltica, alude numerosas veces al concepto de polaridades. Según refiere, el símbolo ying/yang del Taoísmo es una representación del juego de los opuestos, donde la mitad blanca se vuelve oscura, y la mitad oscura se convierte en blanca. Cada una de estas mitades se interrelacionan para conformar el círculo de la existencia. Es decir, cada uno de nosotros contiene diferentes pares de opuestos: el vampiro-intoxicado, el ángel-demonio. En nuestra vida, podemos oscilar entre cualquiera de estos polos.

La polaridad Tóxico-Intoxicado

En todos los vínculos tóxicos siempre coexiste la polaridad de Vampiro-Víctima o Tóxico-Intoxicado. Nadie se involucra porque sí en un vínculo de esta clase sin estar fuertemente habitado por esta polaridad que no ha trabajado debidamente en su propia persona. Todos poseemos esta polaridad. Solo que algunos al no reconocerla en sí mismos, al crecer y convertirse en adultos, salen a buscar otras personas que representen alguno de los polos. La polaridad Tóxico-Intoxicado se halla en nuestro inconsciente y solamente la podemos transformar a través de un trabajo de clarificación y concientización. De otra forma, la vivimos en nuestra vida a través de los vínculos tóxicos. Como explicó Jung y todos sus seguidores, si no trabajamos nuestra sombra, termina poseyéndonos y nos conduce a buscarla en otras personas. La polaridad de Tóxico-Intoxicado es aquella que está en la sombra que anida en nuestro inconsciente. Su formación no es casualidad. Es seguro que muchas veces, en nuestra familia, estuvimos expuestos a situaciones donde predominaban los vínculos tóxicos con maltratos, abusos, manipulaciones, descalificaciones, o incongruencia entre lo que se decía y lo que realmente se hacía. Las personas que crecieron con padres que se colocaban en una posición de "jueces" que no admitían sus errores y tampoco podían ni querían hablar sinceramente con sus hijos, crían esa polaridad dentro de ellos. Primero la viven en sus vínculos familiares tóxicos: sus padres pueden manipular, actuar autoritariamente o demandarles en exceso. Luego la reexperimentan en sus vínculos adultos. Existen infinidades de variaciones que se pueden dar en el seno de una familia con una dinámica disfuncional. Puesto que aprendemos por modelos, *es la familia el primer referente que tenemos acerca de cómo vincularnos con los demás.* Si durante nuestra infancia y adolescencia hemos estado expuestos a situaciones de manejo tóxico por parte de nuestros familiares y no hemos logrado enfrentarnos a ello adecuadamente, es bastante probable que quede una "huella tóxica" fuertemente impresa en nuestra psiquis. Es allí que se inicia la gestación de esta polaridad tóxico-intoxicado. Luego, al crecer, podemos comenzar a representar alguno de estos polos o roles en nuestra vida. Ahí es donde nos situamos en la posición de víctima u oscilamos en el rol de vampiro energético. En ambos casos estamos inmersos en la polaridad Tóxico-Intoxicado o Víctima-Vampiro que conforman el vínculo tóxico.

Qué sucede cuando actuamos en el rol de víctimas

Cuando no trabajamos terapéuticamente esta polaridad del Tóxico-Intoxicado, salimos al mundo y la proyectamos en los vínculos que desarrollamos en las diversas áreas de nuestra vida. La "víctima interna" que no es trabajada adecuadamente comienza a manifestarse y buscar personas que la dominen. Es ahí donde surgen, en la adultez, las relaciones con "amistades abusadoras", jefes que nos maltratan durante años, parejas conflictivas, familiares descalificadores y socios comerciales estafadores, entre otros casos. La lista de posibilidades de vínculos tóxicos es interminable. Aunque a usted pueda parecerle extraño, miles de personas parecen buscar de forma inconsciente esta forma de vincularse tóxicamente. La razón oculta descansa en la polaridad de Tóxico-Intoxicado que, al no ser detectada y traída a la luz de la conciencia para ser transformada, continúa generándonos daños en nuestra vida.

Quizás usted tenga relaciones de amistad donde representa estos roles con algún amigo; o bien una pareja donde usted es la víctima y el otro actúa de vampiro que lo está "oprimiendo y dominando"; puede ser que todavía mantenga vínculos con sus padres, sin saber cómo ponerles límites a sus demandas de atención y críticas constantes; puede ser que en su trabajo tenga un jefe que lo maltrata y exige desmesuradamente con la consigna que "entregue su alma" al trabajo y usted no atine a hacer nada hasta que comienza a padecer los primeros síntomas psicosomáticos…

Nuevamente es importante aclarar un concepto esencial: todos, en menor o mayor medida, somos responsables de nuestras elecciones. En la relación tóxica, una víctima es alguien que elige dejarse dominar o "vampirizar" por el otro. Por ello, cuando hablamos de la polaridad que predomina en el vínculo tóxico, diremos que existe un vampiro energético que precisa controlar a fin de sobrevivir y una "víctima" que decide, aunque sea inconscientemente, permanecer dominada y sufriente. Ambos roles complementarios son los responsables de generar el toxón que los va destruyendo lentamente: miedos, celos, peleas, tensión, dolor, agresiones, etc. Creernos que somos "víctimas de las circunstancias" que nos toca vivir, es un pre-concepto muy extendido en el común de la gente. La mayoría suele creer que no es responsable de las situaciones tóxicas que está viviendo. Consideran que ellos son víctimas de las personas con las que mantienen vínculos tóxicos en su trabajo, familia, pareja o amistad. Si usted escucha atentamente las quejas de sus amigos, familiares o vecinos, verá que es muy habitual el patrón de lamentarse sin hacer algo para resolver la situación que los incomoda. En mi consultorio clínico suelo escuchar frases como las siguientes por parte del paciente que ingresa por primera vez: "Tengo un problema con mi hijo que no me respeta", "Mi pareja es muy controladora y no me deja vivir mi vida", "Mi ex marido me ataca y descalifica cada vez que puede", "Tengo un amigo que me llama sólo cuando está mal; después se olvida de que existo". Si analiza estas frases, verá que siempre tenemos un primer impulso de quejarnos y manifestar el problema sin responsabilizarnos. Recién después de un minucioso análisis, sea porque estamos haciendo terapia psicológica o porque conversamos con algún amigo, caemos en la cuenta de que también tenemos cierta responsabilidad en la situación tóxica que estamos viviendo. De hecho conocí unas cuantas personas que, aun haciendo terapia, no terminaban de hacerse cargo de su parte en el vínculo tóxico que estaban experimentando en sus vidas, por lo que permanecían enojadas, frustradas y quejándose constantemente. Y, para peor, racionalizaban psicoanalíticamente su vínculo tóxico.

La modalidad de sentirnos insatisfechos y considerar que la culpa se encuentra afuera está muy extendida en el común de las personas. Huelga decir que esta clase de creencias limitantes –donde no asumimos nuestra responsabilidad– puede conducirnos a un infierno en cual podemos padecer toda clase de trastornos psicosomáticos, hasta llegar a intentos de suicidio.

Capítulo 4

¿Reconoce su lado de vampiro energético?

"La sombra se hace hostil sólo
cuando es desdeñada o mal comprendida"
Marie Louise Von Franz

Así como podemos insertarnos en un vínculo y permanecer en el rol de víctima, también podemos actuar el otro componente de esta polaridad como vampiros energéticos. Si revisamos profundamente dentro de nosotros, quizás observemos que también tenemos deseos de dominar, controlar o manejar a otras personas. Claro que en algunas personas estos rasgos son muy claros y marcados. Sin embargo, todos tenemos el potencial para actuar como vampiros energéticos y causar daño a los demás. Solo piense en Hitler y Stalin, dos de los dictadores más sangrientos de la historia, e imagínese el inmenso poder que tenían dentro de sí mismos hasta el punto tal que millones de personas los siguieron ciegamente. Reflexione por un instante lo que hubiese sucedido si ese poder que fue usado para destruir, hubiese estado al servicio de la creatividad y el amor. Quizás la humanidad hubiese tenido logros increíbles en un tiempo muy corto, que estaríamos disfrutando en nuestros días. Todos poseemos la capacidad para decidir qué haremos con nuestra energía vital. Están quienes colocan su energía para crear proyectos, generar amistades profundas y abrir su corazón para amar. Están aquellos que la utilizan para controlar y aprovecharse de otras personas. También se encuentran quienes tienen momentos que van fluctuando entre estas dos polaridades, lo cual constituye la mayoría de los casos. Algunas personas hacen malas elecciones y culpan a los demás por sus decisiones. Otras acusan a su pasado familiar conflictivo con tal de seguir actuando tóxicamente; por ende, disfrutan relatando las historias familiares abusivas que han tenido que soportar desde pequeños y que fueron la causa de que ellos estén en la situación actual. Y también están las personas que ni siquiera son conscientes ni desean enterarse de que su forma de actuar es dañina y perjudicial para el resto. Tampoco suelen evidenciar sentimientos de culpa, lo cual puede situarlos en la categoría de personalidades con rasgos psicopáticos.

Sin llegar a extremos tan grandes, durante nuestra vida podemos tener momentos en que nos situamos en el polo del "tóxico" y actuamos como lo hace un vampiro energético de la siguiente manera:

- Intentando controlar a los demás.

- Queriendo que hagan lo que decimos, aun cuando ello los haga sentirse mal.

- Evitando comunicarnos de manera honesta, clara y directa.

- Al no hacernos responsables de nuestras dificultades y responsabilizando a los demás.

- Volviéndonos demandantes de afecto y atención en forma desmedida.

Los vampiros retratados en las películas y libros se caracterizan por su sed insaciable por la sangre. De manera similar, el vampiro energético se vuelve un barril sin fondo que precisa "beber" repetidamente la energía de aquellos con quienes entabla un vínculo tóxico. El problema estriba en que su necesidad de afecto y atención, lejos de saciarse, *se vuelve cada vez más intensa, creando un patrón repetitivo que genera desgaste y daños psicológicos importantes en el otro.* ¿Cuántas veces usted ha actuado hacia determinadas personas de una manera que ha lamentado profundamente, para poco tiempo después volver a repetirlo?

De madre a hija

El siguiente caso clínico ilustra claramente las elecciones que podemos realizar para posicionarnos en el polo del vampiro energético:

María Isabel es una mujer de 55 años. Es una profesional con un cargo administrativo muy importante en una empresa multinacional. María Isabel es separada y tiene una hija adolescente con la cual mantiene una relación cuasi simbiótica. Se ha convertido en confidente de todo lo que su hija tiene para contarle, incluidas sus fantasías sexuales y sus problemas en relación a los chicos. El problema es que tanto ella como su hija permanecen aisladas y sin que cada una tenga su propio grupo de amigas con las cuales interactuar. María Isabel llega a la consulta relatando que se siente sola, sin amigas y "poco atractiva" para los hombres. Se queja amargamente de que sus amigas están "envejecidas" y que no le prestan la atención que ella precisa. Refiere que la única que la "comprende adecuadamente" es su hija, pero tiene la sensación de que ello no termina de ser bueno para ambas; por esa razón, quiere hacer una terapia.

En este caso clínico podemos observar que María Isabel se ha vuelto un vampiro energético de su hija. Sin saberlo, está intentando satisfacer y obtener la energía, atención y afecto que no se permite buscar adultamente con sus pares, con lo cual genera un daño significativo a ella y a su hija. En nuestra sociedad occidental actual, donde predomina el paradigma de querer verse joven eternamente, cual vampiros, suelen observarse numerosos casos de madres que anhelan los atributos que poseen sus hijas jóvenes. De alguna forma, estas madres compiten con sus hijas e intentan inadecuadamente succionar la energía de ellas. Por supuesto, en muchos casos no lo hacen intencionalmente, ya que al no concientizarse de sus propias carencias y enfrentar sus dificultades emocionales, terminan por adherirse a quien tienen más cercano y vulnerable. *Es así como se configuran los vínculos tóxicos entre madres e hijas, que pueden originar múltiples trastornos tales como anorexia, bulimia, ataques de pánico, depresiones y otros trastornos psicosomáticos.* Aunque el principal daño es que ambas personas están estancadas en una relación donde ninguna crece ni se desarrolla acorde a las necesidades emocionales de su edad. En estos casos, las madres adoptan el rol de vampiros energéticos, ya que no viven sus vidas sino es a través de sus hijas, con lo cual les generan una carga excesiva que puede causarles serias perturbaciones.

También están los incontables casos de hijos que actúan tóxicamente con sus padres, demandándoles atención, afecto o dinero en forma permanente. En la jerga profesional se los conoce, entre diversos apodos, como los "hijos eternos" que nunca quieren despegarse de mamá y papá. Obviamente que esto es un juego de a dos, donde los mismos padres evidencian marcadas dificultades para establecer límites sanos con sus hijos.

Le pido que revise cuidadosamente su historia familiar y afectiva... ¿En algún momento ha actuado como un vampiro energético queriendo dominar a otra persona para que haga lo que usted deseaba? ¿Ha intentado controlar a sus hijos sin escuchar realmente lo que estos necesitaban? ¿Se ha vuelto demandante con quienes lo rodeaban por el simple hecho de sentirse abandonado? ¿Ha ejercido su poder de manera agresiva y autoritaria con sus amigos, parejas, familiares o compañeros de trabajo, sin escuchar lo que ellos decían?

Cuando no somos conscientes de nuestro lado de vampiro, tendemos a actuar como tales en nuestros vínculos, o nos involucramos en relaciones con vampiros energéticos.

En los siguientes capítulos ahondaremos más en los efectos y razones ocultas por los cuales muchas veces elegimos mantenernos dentro de un vínculo tóxico con un vampiro energético, pese al daño que puede infligirnos.

Capítulo 5

¿Por qué atraemos vampiros energéticos?

"Creas tu propio universo
sobre la marcha".
Winston Churchill

Un vínculo tóxico genera un enorme desgaste energético en nuestra vida. Si bien los efectos perniciosos y negativos son visibles, quienes están inmersos en dicho vínculo no terminan de calificar los daños significativos a los que se exponen. Aunque puedan lamentarse o quejarse al respecto, las personas implicadas en el vínculo tóxico parecen mantener un lazo energético que las une estrechamente. Es como si ambas emitiesen una frecuencia energética que las lleva a buscarse una y otra vez, aun a sabiendas de que con ello están generando un toxón intenso que las perjudica. El siguiente ejemplo ilustra un caso clínico de una paciente que, a pesar de una separación legal, todavía tenía un vínculo tóxico con su ex pareja:

Carla tiene 50 años. Es una mujer separada y madre de dos varones adolescentes. Es dueña de un negocio de ropa para mujeres y le va muy bien económicamente. Sin embargo no se cuida adecuadamente, no practica deporte ni sale a divertirse con sus amigas. Todo lo que hace es trabajar y vivir para sus hijos. Desde hace 5 años que está divorciada y mantiene una relación tensa con su ex marido, quien se comporta en forma descalificadora hacia ella y sus hijos. Carla no sabe qué hacer, por momentos siente que la angustia la sobrepasa. Hace unos meses que padece de insomnio que le impide conciliar un sueño reparador. Uno de los motivos por los cuales se siente tan amargada e insatisfecha es que su ex esposo no para de acosarla y atacarla. Carla se siente herida e incomprendida "debido a que es tan buena y dedicada con sus hijos". Cuando acudió a la consulta, refirió sentirse deprimida, enojada y sin ganas de seguir luchando. Su queja principal era que no podía deshacerse de su ex pareja y tenía que seguir viéndolo y soportando sus continuos ataques verbales, para los cuales no estaba preparada.

Una de las razones menos expuestas y analizadas en el campo de la psicología se refiere a por qué tantas parejas que han finalizado su vínculo continúan después enredadas en una relación de peleas y agresiones constantes. A lo largo de estos años, he tratado a muchas pacientes mujeres que, luego de haberse separado y tras años de matrimonio conflictivo con hijos de por medio, seguían sufriendo los efectos de un vínculo tóxico con sus ex parejas. Todas estas mujeres solían relatar cuán frustradas se sentían de tener que tratar con sus ex maridos, quienes manifestaban actitudes infantiles y egoístas en relación a ellas y a sus hijos. Las quejas más comunes en estas mujeres era que sus ex parejas no entregaban la cuota alimentaria pactada, o no pasaban el tiempo suficiente ni dedicaban la atención y afecto necesarios para sus hijos. Pero el punto central en todos estos relatos es que estas mujeres mantienen con sus ex una relación con escaso diálogo adulto y demasiadas agresiones verbales. En estos y otros casos, parece existir una atracción energética que hace que estas personas continúen perpetuando un vínculo tóxico que las afecta profundamente.

Muchas personas parecen ser imanes para vínculos tóxicos. No saben el motivo, pero terminan atrayendo a sus vidas personas quejosas, pesimistas, agresivas y con otras características negativas que no desean para sí mismas. Recuerdo una paciente que, en su primera sesión, me contaba riéndose: "No sé por qué motivo, pero parece que termino atrayendo a los bichos más extraños que caminan por la calle".

Esto nos lleva a introducir el concepto ancestral de la ley de la atracción, que fue popularizado por la productora australiana Rhonda Byrne en su exitosa película y libro *El Secreto*. En dicho film se presentan diversos especialistas relacionados con la ley de la atracción. Veamos lo que opinan Esther y Jerry Hicks, dos de las autoridades más serias e importantes de la actualidad y autores de *La ley de la atracción*:

> *La ley de la Atracción dice: todo objeto atrae aquello que se asemeja a sí mismo. Aunque esto pueda parecer una afirmación bastante simple, define la Ley más poderosa del Universo, una Ley que afecta a todas las cosas en todo momento. No hay nada que no esté afectado por esta poderosa Ley. Con frecuencia, cuando las personas se encuentran en situaciones indeseadas, están seguras de no haberlas creado. '¡Nunca me habría hecho esto a mí mismo!', exclaman. Y aunque sabemos que no lo ha atraído deliberadamente a su experiencia, no nos queda más remedio que decirles que sólo ustedes pudieron haberlo provocado, pues nadie más tiene el poder para atraer lo que llega a su vida. Al enfocarse en esa cosa no deseada, o en su esencia, ustedes la han creado por defecto. Como ustedes no entendían las Leyes del Universo, o las reglas del juego, por así decirlo, han invitado cosas indeseadas a su experiencia porque les han prestado atención* (Hicks, E.y J., 2007, p. 61 a 63).

Esther y Jerry Hicks explican que existe una ley de la atracción negativa que nos lleva a convocar a nuestra vida aquellas situaciones o personas que menos deseamos:

> *Pero cuando ves algo que no quieres experimentar y gritas: 'No, no, ¡no quiero eso!', también lo estás invitando a entrar en tu experiencia debido a la atención que le estás prestando. En este Universo basado en la atracción, no existe la exclusión. La atención que prestas a algo hace que lo incluyas en tu vibración, y si lo mantienes en tu atención o conciencia durante el tiempo suficiente, la Ley de*

> *la Atracción lo traerá a tu experiencia, puesto que el 'No' no existe en un Universo que se basa en la atracción. Tu atención te dice: ' ¡Sí, tráeme esto que no quiero!* (Hicks, E.y J., *2007*, p. 61 a 63).

Un porcentaje significativo de personas que no desean pasar por situaciones de maltrato, infidelidades, estafas y agresiones, paradójicamente se vinculan con personas que denotan estas características. La ley de la atracción explica que atraemos lo similar. Una persona que contienen la polaridad tóxico-intoxicado sin trabajar adecuadamente en sí misma, se transforma en un imán que convoca toda clase de vampiros energéticos a la órbita de su vida.

Esta atracción energética negativa suele manifestarse en las diversas áreas de nuestra vida, como ser:

- Mantenemos un vínculo de amistad con una persona que "siempre tiene problemas", pero extrañamente nosotros somos los únicos que la comprendemos y acompañamos, aun cuando ello nos quite energía y el resto de nuestros amigos no concuerden.

- En nuestro trabajo nos hacemos amigos justamente de las personas problemáticas, negativas y quejosas. Al parecer las personas más tranquilas y centradas no nos despiertan atracción.

- Se nos acercan personas que quieren estar en pareja con nosotros, y que causalmente tiene rasgos de personalidad similares a nuestras ex parejas, con quienes terminamos la relación de una manera desagradable e inadecuada.

- En nuestros diversos trabajos, por alguna extraña razón, parece que nos tocan jefes abusivos que "nos echan la culpa de todo".

- En cada evento social donde tenemos la oportunidad de conocer nuevas personas, se nos terminan acercando aquellos más conflictivos y complejos; nos generan cansancio e irritación, pero por alguna razón nos mantenemos a su lado y nos resulta difícil ponerles límites.

• Se nos acercan una y otra vez parientes que nos piden préstamos monetarios que nunca terminan de pagar "debido a su situación económica complicada".

• Nos embarcamos en una aventura comercial donde depositamos el grueso de nuestros ahorros con una persona con pocos escrúpulos y rasgos de estafador.

Es como si usted tuviese un campo energético que emite frecuencias vibratorias energéticas que convocan una y otra vez a las personas que menos quiere atraer. ¿Le sucedió alguna vez en su vida haber atraído personas o situaciones como las descritas? ¿Alguna vez se planteó los motivos por los cuales usted parece atraer alguno de estos casos?

Por qué atraemos vampiros energéticos

Todos poseemos un campo energético o aura. Si bien este conocimiento ancestral data de muchos siglos (de hecho, los santos cristianos o yoghis hindúes eran retratados con el aura que iluminaba su rostro) es recién en el siglo XX que se vuelve una certeza empíricamente comprobable. En 1939, el científico ruso Kirlian y su esposa se encontraban llevando a cabo una investigación cuando descubrieron un halo luminoso que rodeaba la materia. Fueron capaces de fotografiarla y, con el tiempo, ese descubrimiento se transformó en un método para obtener imágenes del aura. El método kirlian es utilizado en la actualidad en muchos hospitales de Rusia, previamente a cualquier otro tipo de estudio médico. Después de años de investigación, se ha arribado a la conclusión que el campo de energía es una estructura electromagnética y lumínica que mantiene sincronizadas todas las funciones del cuerpo, la mente y el espíritu. Cuando esa estructura bioenergética se desequilibra comienzan a aparecer determinados síntomas físicos, psíquicos, emocionales y espirituales que habitualmente llamamos enfermedades. La fotografía Kirlian permite mostrar el campo energético de una persona y detectar perturbaciones con varios meses de anticipación, prediciendo si está enferma o si enfermará en un futuro cercano.

Nuestro campo energético revela nuestro estado de salud bio-psíquico. Cuanto mayor intensidad y luminosidad presenta, mayor es nuestra sensación de bienestar y vitalidad. Está comprobado que, cuanto mayores satisfacciones obtenemos en nuestra vida en términos generales, mayor será nuestra frecuencia vibratoria energética. En la práctica clínica psicológica, no es ningún secreto observar que, a veces, con el simple hecho de que el paciente aquejado por estrés o trastornos de ansiedad introduzca en su vida la práctica semanal de un deporte o clases de baile, su energía cambia y mejora su estado anímico. Nuestro campo energético depende de múltiples factores. Cuando nos encontramos inmersos en un vínculo tóxico, nuestro campo energético se ve sensiblemente alterado. Es esa una de las razones de mayor peso por las cuales comenzamos a sentirnos decaídos, inseguros y faltos de vitalidad, lo cual debilita nuestro sistema inmunológico, llevándonos a posibles enfermedades.

Necesidades del vampiro energético

Se denominan "vampiros energéticos" debido a que poseen un campo energético con ciertas hendiduras o agujeros que buscan rellenar en forma inconsciente. *Un vampiro es una persona insegura y desconfiada de su propia capacidad para sostenerse y energizarse por sí mismo.* No confía en que la vida podrá proveerle lo que precisa. En su fuero interno, cree que solamente a través de los otros podrá sentirse fuerte y vital. Por esa razón procura, en forma inadecuada, personas con las cuales proveerse de esa energía vital perteneciente a sus campos energéticos. El problema es que, al carecer de conciencia de sí mismo y sus potencialidades, intenta crecer a través del otro y lo consigue a través de un vínculo tóxico. Ésta es la razón por la cual, por ejemplo, muchas parejas que se separan mantienen durante años una relación tensa y conflictiva donde intercambian ataques y agresiones permanentes, colocando a los hijos en el medio. Esto es debido a que uno de los integrantes se había acostumbrado a succionar la energía del otro a través del maltrato, por lo que al haber un límite firme, lejos de aceptarlo y hacer una autocrítica, la persona se enoja y resiente porque su "fuente de energía" se acabó. Por lo tanto, procura por todos los medios perpetuar ese vínculo tóxico que había antes. Es así como se observan miles de casos similares donde el hombre no pasa la cuota alimentaria correspondiente a sus hijos e intenta descalificar a su ex mujer. Es una forma infantil que tiene de querer seguir obteniendo algo de energía.

En mi práctica psicológica, resulta habitual observar múltiples casos de mujeres involucradas en esta clase de vínculos tóxicos con sus ex parejas, donde todavía existe un lazo energético que las atrae entre sí y ambos no terminan de cortar. Y si ambos tienen hijos en común, son ellos quienes pasan a absorber las tensiones producidas por este vínculo tóxico, con lamentables consecuencias para su salud.

Un vampiro energético establece relaciones con los demás que se transforman en su fuente de energía. En vez de producirse un intercambio humano adulto, auténtico y genuino, donde ambas partes pueden crecer y aprender de sí mismas, el vínculo se convierte en una extracción de sangre perpetua: el vampiro se vuelve un receptor demandante que exige del otro su atención, su entrega y afecto. Esta demanda constante, sin un espacio de reflexión y auto sostén, lo convierte en un succionador de energía del otro. *El vampiro energético es una personalidad muy egoísta que siempre antepondrá sus propias necesidades ante las del otro.* Ello le impide desarrollar una actitud generosa ante la vida y sus pares. Por ende, la otra persona que es parte de este vínculo comienza a sentirse más débil, insegura y vacilante. Éste termina siendo el circuito característico de su personalidad tóxica. De ahí su denominación como "vampiro energético". Ellos pueden estar en todas partes, en su trabajo, su familia, amistades, pareja o conocidos. ¿Le resulta conocida esta sensación de estar sin energía, con inseguridad y angustia ante ciertas personas? ¿Alguna vez ha sentido que su vitalidad disminuía ante la presencia de determinadas personas de manera recurrente? ¿Qué actividades realiza semanalmente para cargarse energéticamente?

Capítulo 6

Efectos negativos que generan los vínculos tóxicos

"Las personas infelices,
como aquellas que padecen insomnio,
están orgullosas de su defectos".
Bertrand Arthur William Russell

Los vínculos tóxicos tienen efectos a corto, mediano y largo plazo, que pueden resultar devastadores para nuestra salud. El siguiente caso lo atestigua:

Carlos tiene 45 años y es empleado administrativo de una empresa textil que es propiedad de su suegro. Está casado desde hace 20 años con Estela. Carlos tiene una mala relación con su suegra y cuñados. Siente que es tratado despectivamente por ellos, sobre todo por su suegro quien es su jefe. Cada evento familiar donde se reúnen las familias, para Carlos resulta una tortura ya que sus suegros lo tratan como si fuera un chiquillo y lo amonestan permanentemente delante de su esposa e hijos. Al término de estos eventos Carlos se siente cansado, enojado, frustrado y no sabe cómo actuar adecuadamente ante estos casos. Desde siempre ha tenido dificultades para expresar lo que siente ante los demás. Su madre acostumbraba a tratarlo de manera similar y él nunca pudo resistirse a sus constantes criticas despectivas. En las últimas semanas Carlos comenzó a sentirse deprimido, sin ganas de levantarse de la cama para ir a trabajar. Antes acostumbraba a reunirse con sus amigos para jugar partidas de cartas. Ahora ya no siente deseos de salir de su casa ni realizar actividades que le demanden esfuerzo. Cuando Carlos comenzó el tratamiento psicológico se encontraba tomando antidepresivos y estaba pensando en quitarse la vida.

Imagínese que usted es invitado a una fiesta por una persona. Ella le abre la puerta y le señala una mesa llena de alimentos y bebidas con un aspecto insinuante que lo estimula a disfrutar de ese banquete. Sin embargo, esa persona que es el anfitrión le aclara que todos esos alimentos y bebidas están en estado de vencimiento desde hace un año. Por otra parte, esa sala está llena de humo de cigarrillo. Usted puede decidir entrar a esa habitación e ingerir todo ese banquete aparentemente atrayente. Eso sí: recuerde que lo han prevenido acerca de la toxicidad de esos alimentos.

Esta metáfora revela algo que nos suele suceder cuando circulamos por la vida y nos topamos con personas con rasgos tóxicos. Podemos ser alertados acerca de lo peligroso que puede resultarnos interactuar con ellas, sin embargo proseguimos e iniciamos un vínculo que con el tiempo se vuelve tóxico hasta que caemos en un estado de intoxicación.

El estado de intoxicación se produce cuando ingerimos o inhalamos alguna sustancia tóxica. La gravedad de la intoxicación depende de la toxicidad del producto, del modo de introducción, de la dosis ingerida y de la edad de la víctima. Las intoxicaciones más frecuentes pueden ser resultado del consumo de medicamentos, alimentos vencidos, drogas, monóxido de carbono, productos industriales, alcohol, etc.

Intoxicación emocional

Así como estos casos, también existe la intoxicación de carácter emocional, que es aquella producida por la permanencia en un vínculo tóxico. Lo interesante es que la mayoría de las veces esta intoxicación es voluntaria, es decir, la persona la busca en forma intencional. Aunque pueda quejarse, enojarse y discutir, en el 90% de los casos de vínculos tóxicos la aparente víctima decide consciente e inconscientemente permanecer en esa relación y sufrir los efectos perjudiciales para su salud.

La intoxicación emocional es el estado en el cual la persona que está dentro de un vínculo tóxico manifiesta síntomas de diversa clase: psicosomáticos, emocionales, relacionales y mentales. Con el correr del tiempo y dependiendo de las características físicas-psicológicas de la persona, su sistema inmunológico puede decaer, llevándola a padecer diversas enfermedades.

Otro factor importante que nos está indicando que la persona está intóxicada emocionalmente es cuando se ha acostumbrado al vínculo tóxico y a sentir toda la variedad de emociones sin hacer nada para solucionar dicho estado. El análisis transaccional denomina "rebusques" a toda la gama de emociones que surgen cuando reprimimos y no expresamos nuestras emociones auténticas tales como rabia, tristeza, afecto, alegría o miedo. Esta gama de emociones falsas son denominadas "emociones sustitutivas", ya que están reemplazando lo que realmente sentimos y queremos expresar, pero no nos atrevemos a hacerlo. Por ende, entramos en estados emocionales negativos o de "rebusques" tales como:

- **Resignación:** permanecemos sumisos, en estado de mansedumbre, cediendo constantemente para evitar discusiones o peleas. Sin embargo, por dentro hervimos de enojo y dolor. La excusa que solemos decirnos es: "Para qué voy a decir algo, si total no va cambiar en nada la situación…".

- **Frustración:** sentimos una decepción profunda, ya que continuamente nuestro deseo de crecer y avanzar se ve frustrado por el dominio y control del vampiro energético. Esa frustración puede llevarnos a conductas agresivas o de autodestrucción. Las ideas que suelen rondarnos son: "Me molesta mucho esto... nunca se da lo que quiero... ella no me escucha ni me entiende..."

- **Enojo:** en vez de expresar nuestra rabia adecuadamente con quien mantenemos el vínculo tóxico, generamos agresiones verbales o físicas sin motivos injustificados hacia los demás.

- **Resentimiento:** es el enojo volcado hacia dentro de nosotros, sin expresar. En vez de externalizar nuestro enojo por el vínculo tóxico, lo reprimimos. Con el tiempo ello puede contribuir a la aparición de úlceras, hipertensiones y otras afecciones psicosomáticas.

- **Fobias:** a veces podemos caer en cuadros fóbicos de miedos irracionales hacia algo externo, debido a que no nos permitimos manifestar lo que realmente sentimos.

- **Culpa tóxica:** es aquella que sentimos cada vez que deseamos manifestar lo que sentimos a quien nos está dañando, pero no nos lo permitimos debido a que experimentamos remordimiento y sentimientos de lástima hacia el otro. En los vínculos tóxicos, la culpa suele ser común e impide la manifestación de los sentimientos reales que nos causan las conductas tóxicas del otro. Las excusas que solemos decirnos son: "Pobre, me da pena decirle lo que siento... quizás lo voy a dañar...".

- **Confusión:** puede ser vivenciada como un bloqueo o incapacidad para razonar adultamente. En los vínculos tóxicos la persona suele experimentar confusión porque no consigue percibir claramente la intoxicación emocional en la que está sumida.

- **Ansiedad:** frente a los vínculos tóxicos podemos caer en estados de ansiedad o preocupación excesiva que nos impiden disfrutar de nuestra vida. Los síntomas que pueden aparecer son irritabilidad, nerviosismo, fatigabilidad, tensión muscular y dificultad para concentrarnos.

- **Envidia:** la persona que está en el rol de vampiro energético suele sentirla continuamente frente a los avances o alegrías de su pareja, amigos o familiar. Por ende, se vuelve más controladora y castradora del otro.

- **Insatisfacción:** permanecer dentro del vínculo tóxico conlleva dosis altas de insatisfacción que se traducen en expresiones faciales y corporales que denotan amargura y dolor.

- **Falsa alegría:** muchas veces simulamos estar contentos, para no mostrar nuestro dolor y decepción frente al vampiro energético u otras personas. Sin embargo, esa alegría falsa dura poco y contribuye a hundirnos más en la desesperanza que nos lleva a una posible depresión.

- **Sentirse inadecuado:** parte del poder destructivo de un vampiro energético es generar sentimientos de inadecuación en los demás. Cuando estamos dentro del vínculo tóxico podemos sentirnos torpes y temerosos de cometer errores que susciten una lluvia de críticas desaprobatorias por parte del vampiro energético.

¿Reconoce haber experimentado alguna de estas emociones en un vínculo tóxico? En estos estados de intoxicación emocional, la persona, paradójicamente, se habitúa a ello. Pese a que pueda quejarse y amargarse, minimiza sus efectos negativos con tal de mantenerse dentro del vínculo tóxico.

Consecuencias negativas de la intoxicación emocional

La intoxicación emocional producida por el vínculo tóxico genera consecuencias negativas en la salud emocional de la persona. Ello afecta significativamente su manera de conducirse en las diversas áreas de su vida.

Las consecuencias negativas de permanecer dentro de un vínculo tóxico son múltiples y variadas:

- Nos volvemos miedosos de llevar a cabo cualquier deseo personal, ya que ello podría contrariar a la otra persona dominante.

- Nos sentimos faltos de confianza en nuestra capacidad de afrontar los desafíos de la vida.

- Nos volvemos niños asustados que precisan de la aprobación y validación constante del vampiro energético con quien nos relacionamos.

- Se perjudica significativamente nuestra claridad y capacidad de discernir lo que es bueno y conveniente para nosotros de lo que es nocivo y dañino.

- Reforzamos los mecanismos de negación de lo más evidente que son los daños y costos altísimos que estamos pagando por mantenernos dentro del vínculo tóxico.

- Nuestra autoestima va disminuyendo progresivamente en la misma medida que aumenta nuestra dependencia emocional hacia el vampiro energético.

- Nos convertimos en coleccionistas de diversas "emociones rebusques", tales como envidia, enojo, vergüenza, miedos paralizantes, frustraciones y angustia. Así como nuestra vida se envenena.

- Nos sentimos paralizados para dirigirnos hacia lo que nos gusta, moviliza y apasiona en nuestra vida.

¿Alguna vez ha experimentado alguna de estas consecuencias negativas en sus vínculos actuales o pasados?

Efectos tóxicos en nuestra salud

Cada persona es un universo con sus propias características psicológicas y orgánicas. Frente a determinados estímulos, algunos pueden reaccionar de una forma y otros de otra. La respuesta psico-orgánica de afrontamiento frente al vínculo tóxico varía en cada persona y dependerá de diversos factores, tales como su personalidad, su nivel de inteligencia emocional, su red de contactos, entre otros.

Se ha comprobado que la permanencia por periodos largos en un vínculo tóxico, dependiendo de cada persona, puede terminar generando graves consecuencias negativas para la salud. Algunas de ellas son:

- *Altos niveles de estrés negativo: los vínculos tóxicos producen niveles de tensión en nuestro organismo que nos predisponen a padecer toda clase de enfermedades psicosomáticas.*

- *Síntomas psicosomáticos gastrointestinales: úlceras, diarreas incontrolables, acidez estomacal, reflujo esofágico, mala digestión, constipación. La persona que permanece dentro de un vínculo tóxico acumula rabia y otras emociones auténticas que no expresa, lo cual puede contribuir a la génesis y agravamiento de algún cuadro psicosomático gastrointestinal.*

- *Síntomas psicosomáticos cardiacos: hipertensión-ataques cardiacos. Algunos de estos trastornos relacionados al corazón pueden surgir o agravarse como consecuencia del estrés negativo que estamos padeciendo por permanecer en el vínculo tóxico. En 1964, los doctores cardiólogos Meyer y Rosenman llevaron a cabo investigaciones con pacientes cardiacos y delimitaron una serie de conductas características de aquellas personas propensas a sufrir afecciones de este tipo. Observaron que estas personas mostraban conductas del tipo "A" tales como: agresividad exagerada, competitivos, controladores, tensos muscularmente, incapaces de relajarse adecuadamente, adictos al trabajo.*

- *Trastornos depresivos: la depresión es la falta de expresión emocional. Las personas que permanecen en vínculos tóxicos no expresan lo que sienten realmente, por lo que con el tiempo pueden comenzar a decaer en su ánimo, sintiéndose apáticas, anérgicas y carentes de deseos por salir al mundo.*

- *Ataques de pánico: si bien la persona que los padece suele tener una base orgánica predisponente, en muchos casos cuando está inmersa en un vínculo tóxico en el cual no puede expresar sus sentimientos, ello puede generarle un estrés que puede reforzar la aparición de este cuadro.*

- **Insomnio:** *los conflictos y el malestar que experimentamos en un vínculo tóxico pueden generarnos un diálogo interno permanente que nos zumba en la mente todo el día, inclusive cuando vamos a dormir, impidiéndonos conciliar satisfactoriamente el sueño.*

- **Contracturas crónicas musculares:** *las tensiones nerviosas que vivimos a diario, producto del vínculo tóxico, no desaparecen de nuestra vida. Por el contrario, van conformando corazas musculares en nuestro cuerpo que nos restan vitalidad, energía y salud.*

- **Disfunciones sexuales:** *eyaculación precoz, marcada dificultad para excitarse y llegar al orgasmo, falta de deseo sexual. En muchas parejas vinculadas tóxicamente, las dificultades sexuales suelen ser los emergentes de una relación con altos índices de insatisfacción e incomunicación.*

- **Psoriasis y otras afecciones de la piel:** *el psicodermatólogo argentino Francisco Tausk, profesor asociado de Dermatología de la Universidad Johns Hopkins explica lo siguiente: "Si bien la persona posee una base genética que lo predispone a padecer de afecciones cutáneas, está demostrado que el estrés influye en el desarrollo de ciertas enfermedades dermatológicas, como la psoriasis, el eccema, la urticaria o el angioedema"* (Diario La Nación, 14 de mayo de 2005).

¿Usted se encuentra involucrado en un vínculo tóxico donde su salud está siendo perjudicada? ¿En algún momento de su vida ha padecido alguno de estos efectos tóxicos en su salud? ¿Considera que es normal sufrir estos efectos negativos en su vida, con tal de preservar su vínculo con el otro?

Efectos tóxicos en nuestro nivel energético

Todos poseemos un campo energético o aura. Cuando nos relacionamos con otro, nuestros campos energéticos entran en contacto. Hay personas frente a las cuales, sin explicación lógica, experimentamos sensaciones de placer y bienestar muy fuertes. También están aquellos frente a los cuales nos sentimos cansados, faltos de energía y angustiados, sin que haya mediado una conversación larga.

La fotografía Kirlian permite mostrar que, cuando una persona se encuentra con problemas energéticos, ello redunda en su salud física y emocional. La fotografía kirlian muestra que una persona con problemas emocionales puede tener pequeños agujeros o hendiduras en su campo energético, que busca rellenar inconscientemente a través de sus vínculos con los demás.

Un vampiro energético es aquel que necesita interactuar con otras personas a fin de aumentar su nivel energético y, por ende, sentirse vivo y seguro. Desde esta concepción energética, quien se posiciona en el rol del vampiro es una persona con una inmensa sensación de escasez y carencia: en su fuero íntimo no confía en sí mismo para proveerse de la energía que precisa del medio que vive. Es por ello que apela a conductas de manipulación, control y dominio sobre los demás, en la creencia errónea de que solamente así podrá sentirse mejor y asegurar su bienestar. De este modo, causa una baja energética en la otra persona, con consecuencias emocionales y vinculares negativas.

Cuando analizamos los campos energéticos de dos personas vinculadas tóxicamente, generalmente podremos observar que una de ellas parece sentirse mucho más vital y energizada, mientras que la otra parece sentirse cansada, falta de energía y apática. En diversas investigaciones se comprobó que el bajo nivel energético del aura de una persona es un factor predisponente para que se enferme a mediano plazo. A menor campo energético, la persona ve disminuida su vitalidad y sensación de bienestar. En los vínculos tóxicos se observa permanentemente este fenómeno, en el cual el nivel energético de las personas involucradas se ve afectado y disminuido debido a las peleas, conflictos y permanentes disputas de poder existentes. El toxón circulante en estos vínculos consume el combustible energético de las personas, predisponiéndolas a padecer malestar psicológico emocional. ¿Le ha sucedido sentirse falto de energía frente a determinadas personas o familiares?

Las relaciones humanas constituyen interacciones entre los campos energéticos de cada persona en cuestión. Un vínculo es la interrelación entre dos o más personas con sus campos energéticos. Cuando una persona se encuentra carente, angustiada y resistente a hacerse responsable de sus problemas, tenderá a buscar un "salvavidas humano" que le provea de cierta dosis de energía. Si la otra persona no sabe colocar límites ante esta exigencia e invasión del otro, comenzará a colocarse en la posición de víctima proveedora de energía al otro. Es ahí cuando comienza a configurarse el vínculo tóxico, donde hay un vampiro energético y una víctima que decide brindarse como tal. Frente a esta explicación, podríamos creer que el vampiro energético se lleva la mejor parte al estar alimentándose energéticamente de la persona. Sin embargo esto no es así, ya que *el vampiro energético se vuelve adicto a los juegos de control y dominación inadecuados y destructivos; precisa cada vez más servirse de la otra persona hasta el punto de hacer lo que sea para no ser abandonado.* Ello refuerza sus patrones disfuncionales de conducta tóxica, volviéndose más egoísta y demandante. Recuerde las veces que usted participó de algún vínculo tóxico ¿Qué sensaciones ha registrado en su nivel de energía? ¿Cómo esto ha afectado al resto de su vida?

¿Usted compite con los demás para obtener más energía?

La novena revelación es uno de los libros más vendidos del mundo; en la cuarta revelación, explica que los humanos tendemos a competir entre nosotros para obtener energía, a fin de sentirnos más poderosos frente a los demás. El libro retrata los juegos de poder entre dos o más personas y los denomina "dramas de control". Estos son los intentos que hace una persona en forma inadecuada para ganar energía y atención del otro. Las personas que se involucran en un vínculo tóxico creen erróneamente que la única manera de sentirse energizados es a través del control hacia el otro, tanto sea desde la posición del dominador como del dominado. Como se sienten faltas y carentes de energía, intentan energizarse a través de los juegos de control y poder presentes en los vínculos tóxicos. No entienden que una persona nunca puede constituirse en la fuente única de placer y bienestar del otro. Por ello desarrollan una conducta dependiente emocionalmente hacia la otra persona.

Consideran que, a través de ciertas actitudes disfuncionales y negativas, podrán asegurarse la "cuota energética" que les permitirá sentirse bien. El problema es que cometen el delito de robar energía del otro, en vez de intercambiarla adultamente y, de esa forma, retroalimentarse positivamente.

La novena revelación establece 4 dramas de control. Explicaremos un poco de cada uno de ellos junto a lo observado en la clínica psicológica:

1. **Intimidante:** son las personas que, por medio de la amenaza física o verbal, pretenden asustar al otro, robándole energía. En violencia familiar, generalmente está la persona que asume este rol amenazante que genera miedo en los demás miembros familiares. También sucede en las empresas, con aquellos jefes tiránicos que detentan el poder de manera autoritaria, provocando una sensación de pavor en sus empleados.

2. **Interrogador:** aquella persona que, a través de preguntas insidiosas que esconden críticas y exigencias, busca generar inseguridad y dudas en el otro. Son quienes se comportan como sabelotodos competitivos, queriendo marcar los errores ajenos con los cuales hacen sentir inferiores a los demás. En las dinámicas familiares es el progenitor que cree saber todas las respuestas a las inquietudes de sus hijos, sin permitirles manifestarse. En las empresas, son aquellos jefes que descalifican a sus empleados, provocando temores a equivocarse.

3. **Distante:** aquella persona que, en vez de manifestar directa y claramente lo que piensa y siente, se retira con actitud misteriosa y reservada. Por ejemplo, algunas personas de rasgos histéricos juegan permanentemente con sus parejas desde este drama. Se muestran evasivos, rehúyen del compromiso, generando que el otro sufra y los esté persiguiendo constantemente a fin de retenerlos a su lado.

4. **Víctima:** son aquellos que se posicionan en el rol de "pobrecitos", sufrientes que no tienen fuerza para luchar contra lo que los oprime. El problema es que, desde esta posición buscan

controlar al otro de manera inconsciente, generando lástima. Desde la dinámica familiar, son aquellos progenitores que se ubican en un rol de víctimas y generan culpas exageradas en sus hijos. O la persona violenta que apela a la manipulación, mostrándose como una víctima de las circunstancias duras, queriendo hacer sentir culpable a quien está maltratando.

Es importante destacar que cada uno de estos dramas de control tiene su otro drama complementario. En los vínculos tóxicos se observa a menudo este interjuego de dramas de control donde los participantes procuran obtener energía de manera inadecuada. Un vampiro energético puede adoptar un rol intimidante, interrogador, víctima o distante. Es obvio que, para poder desarrollar su juego, precisa de un *partenaire* que lo complemente.

Observe cuidadosamente los vínculos tóxicos en los que usted ha participado: ¿Cuál fue el drama de control que ha adoptado para obtener energía del otro? ¿Cuál es el rol en el que usted se suele posicionar para dejarse quitar energía? ¿Cómo se ha sentido al respecto?

Capítulo 7

Perfiles de los vampiros energéticos y sus víctimas

"Cuando el diablo está satisfecho, es una buena persona".

Jonathan Swift

Dentro de los vínculos tóxicos, el vampiro energético y su víctima tienen muchas formas en las que suelen manifestar su patología o toxicidad. En este capítulo describiremos los diversos rasgos de personalidad y sus conductas tóxicas. Un vampiro tiene múltiples formas de actuar ante los demás. Nos centraremos en ilustrar, a través de casos clínicos, las diferentes formas de comportamiento que tienen los participantes de un vínculo tóxico. Para ello utilizaremos algunas clasificaciones empleadas por Bernardo Stamateas en su libro *Gente tóxica*:

A. El seductor patológico

Carolina es una hermosa mujer de 40 años, divorciada y profesional, que desde hace 2 años se mantiene escéptica y desconfiada de los hombres debido a que tuvo malas experiencias tanto de pareja como de amigos varones. En el último mes conoció a Javier, un cirujano plástico. Cuando salieron por primera vez, luego de un exhaustivo cortejo por parte de él, Carolina quedó deslumbrada por la manifiesta confianza seductora que Javier exhibió ante ella. Comenzaron a salir como pareja. Al principio ella estaba feliz, ya que era tratada y consentida como una princesa; Javier estaba halagándola todo el tiempo. Carolina creía haber encontrado al hombre de sus sueños. Sin embargo, al cabo de unos meses comenzó a percibir ciertas señales en Javier que la inquietaban. Un día que él había dejado su celular a mano, Carolina descubrió mensajes eróticos de tres mujeres diferentes. Cuando pidió explicaciones a Javier, él negó todo vehementemente. Carolina decidió confiar en él, pese a las evidencias. A las dos semanas, chateando en la computadora en la casa de Javier descubrió fotos de otras mujeres desnudas. Carolina decidió que hasta que Javier no explicase su conducta claramente, ella no seguiría en la relación. Javier terminó confesando que mantenía relaciones desde hacía meses con dos mujeres.

Las personas con rasgos de seductores patológicos evidencian enormes dificultades para sostener un vínculo de pareja sin caer en repetidas situaciones de engaños. *Son aquellas personas que, en las diferentes áreas de la vida, recurren a artimañas para mantener un vínculo personal, comercial o social.* Pareciera que dentro de sus códigos de conducta y comunicación, resulta normal el acto de mentir y engañar al otro. Claro está que, para que prosperen sus vínculos tóxicos, precisan de una víctima que se deje seducir y descarte los pre-avisos que el seductor patológico envía acerca de sus actitudes y conductas poco confiables.

Dentro de este perfil, resulta común encontrar al infiel, aquella persona que siente compulsión por mantener relaciones paralelas, sean fugaces o con amantes, mientras está en pareja. Están los estafadores, quienes precisan de una importante cuota de seducción para tentar a sus víctimas a invertir dinero o bienes preciados con ellos, para luego desaparecer o no devolver lo brindado. También nos encontramos con las personas que permanentemente se comprometen a algo con otro para luego no cumplirlo, lo cual genera rabia y frustración.

En el caso de los seductores patológicos, tienen enormes dificultades para sincerarse con sus parejas. Para ellos resulta más excitante y atrayente la situación de riesgo, prohibida, donde juegan a las escondidas con sus parejas, recurriendo al engaño y otros ardides a fin de generar otros vínculos paralelos. En su faceta de seductor compulsivo, el vampiro energético suele exhibir actitudes histéricas muy marcadas: siempre está generando el deseo en el otro, pero nunca se entrega completamente. Su manera histérica se manifiesta en su conducta infiel, donde de alguna manera seduce y cautiva a su pareja-víctima y amantes, con engaños y tretas, arreglándoselas para mantenerlas pendientes de él. De esa forma se asegura de que su pareja permanezca a su lado deseándolo, aun cuando ello le produzca dolor y un daño emocional considerable. Son muy habilidosos para susurrar al oído aquello que el otro necesita escuchar. Es como si poseyesen un radar fino que les permite detectar necesidades inconscientes ocultas del otro, que ellos satisfacen. *Para que prevalezca ese operar, las personas que se involucran con ellos deben ser negadores de parte de la realidad que se les presenta.* Existe una cuota de ilusión y fantasía en la persona que el seductor satisface a través de sus palabras, como si fuese una suerte de hechizo que mantiene a su víctima cautiva y prendada a él.

En su accionar histérico existe una cuota muy fuerte de descalificación y desprecio hacia su pareja, ya que asume que permanecerá "callada y servil" frente a sus conductas seductoras. Es importante remarcar que la conducta seductora no sólo se puede referir al acto de infidelidad en sí, sino también al estar constantemente dejando en evidencia que se desea sexualmente a otras personas, lo cual provoca el dolor de la pareja. Aun cuando no se llega al acto de infidelidad, el seductor compulsivo muestra actitudes de desear a otros.

Es importante establecer una diferencia entre la sana seducción, que es una habilidad social importante para diversos fines, de la seducción patológica. En el primer caso, la seducción es una herramienta que podemos utilizar para obtener un trabajo deseado, agradar a clientes, generar amistades o lograr una cita deseada que puede eventualmente conducirnos a una relación de pareja. La sana seducción es un recurso importante que todos podemos aprender a desarrollar para lograr nuestros proyectos personales. En cambio, en la seducción patológica la persona abusa de este recurso, ya que pasa a transformarse en su razón de vivir. El seductor compulsivo necesita constantemente probarse seduciendo a otros, por lo que le cuesta mostrar sus emociones auténticas.

Una persona seductora compulsiva suele hacer gala de gestos y palabras que intentan "envolver al otro". Toda su conducta verbal y no verbal emite señales hacia el mundo externo a fin de obtener atención y afecto. Al seductor compulsivo le resulta difícil relajarse y ser él mismo. Precisa utilizar su máscara de seducción continuamente. Sus ansias e insatisfacciones internas lo llevan a querer ser deseado por el universo de su preferencia, ignorando que su pareja también forma parte del mismo. De ahí nace esa actitud desdeñosa hacia su pareja, como si esta fuese un "cachorro" ansioso de afecto que por momentos puede volverse pesado.

Juan David Nasio, el famoso psicoanalista argentino que reside en Francia, explica en su libro *El dolor de la histeria* que el histérico desea estar insatisfecho porque la insatisfacción le garantiza la inviolabilidad fundamental de su ser. En el fondo, un seductor compulsivo padece un malestar e insatisfacción intensa que le impide entregarse y tener un vínculo sano y adulto con los demás, ya que en su fuero interno cree que ello podría ser muy peligroso para él.

¿Por qué buscamos vincularnos con seductores compulsivos?

Las personas que están en el rol de víctimas de la infidelidad se encuentran resentidas y amargadas, pero continúan sumisamente al lado del seductor patológico. Para que un vínculo tóxico entre un seductor y su víctima se mantenga en el tiempo requiere una especie de pacto no explícito donde ambos acuerdan seguir juntos, pese a que las infidelidades causen daños emocionales y psicológicos para ellos y terceros. Detrás de este "acuerdo vincular tóxico" hay personalidades infantiles, con poca capacidad de comunicarse clara y adultamente. Sobre todas las cosas, quienes mantienen estos vínculos tóxicos poseen una baja autoestima y un temor remarcado a la soledad y el abandono. Por ello eligen pagar costos muy altos, con tal de mantener a la persona seductora a su lado.

Cómo lidiar con un seductor patológico

Los seductores pueden acudir a la consulta psicológica cuando están contactando con su angustia y se sienten estancados. Tratar con los seductores patológicos de manera eficaz, a fin de no caer en sus redes, puede ser un aprendizaje arduo y difícil. El darse cuenta antes de tiempo dependerá de los recursos y experiencias que usted posea. Muchas personas precisan pasar por la experiencia para luego aprender. Hay algunas que nunca aprenden y siguen repitiendo invariablemente el mismo patrón de vínculo tóxico con los seductores. Si usted desea verdaderamente enfrentarse eficazmente con alguna persona seductora o aprender a detectarlos por anticipado, es importante tener en cuenta los siguientes consejos:

• **Comprométase con su vida:** evite actuar como los seductores que hablan demasiado, pero se comprometen poco. Establezca un compromiso con su vida, realice aquellas cosas que estaba deseando hacer. Anímese a darse los gustos que antes no se daba a sí mismo. Cuando somos mezquinos con nosotros mismos, atraemos seductores con la ilusoria promesa de que nos satisfarán en aquello que no nos damos en nuestra vida.

• **Aprenda a abrir sus ojos:** muchas personas caen bajo el encanto de la persona seductora patológica porque se niegan a verla en su totalidad y sólo escuchan aquello que quieren. La próxima vez que usted tenga enfrente a una persona intentando seducirla, pruebe preguntarse si lo que le dice es algo real o simplemente aquello que usted necesitaba escuchar de alguien.

• **Cultive una comunicación clara y sincera con los demás:** los seductores patológicos no están acostumbrados a dialogar clara y sinceramente. Ellos tienen poder sobre personas que no se comunican de manera franca y honesta. Por ello, comience a expresar lo que siente y piensa de manera honesta. Cuanto más practique esto en su vida, más difícil será que atraiga a personas seductoras compulsivas.

• **Aprenda a valorarse:** si usted no se valora lo suficiente, con seguridad atraerá a una persona seductora para que lo haga. El problema es que establecerá un pacto tóxico. Comience a reconocer sus propias cualidades. ¿Qué lo hace a usted una persona valiosa? Sea generoso en reconocer sus propios atributos.

B. La víctima resentida y manipuladora

Amalia tiene 60 años y es madre de tres chicos jóvenes. Ella es viuda y vive de una pensión que le dejó su marido que le permite un buen pasar económico. Dos de sus hijos se casaron y viven en otro país, mientras que Marina, su hija menor de 28 años, todavía vive con ella. El problema es que Marina planea desde hace tiempo irse a vivir sola, ya que se siente a disgusto con su madre, que está controlándola permanentemente. Pero, cada vez que desea hablar de ese tema, con cara de sufrimiento Amalia le dice que se siente mal y angustiada para hablar. Inmediatamente su hija siente culpa y remordimiento, junto a una sensación de rabia e impotencia. Marina siente que, si ella abandonase la casa materna, su madre caería enferma. Por otro lado, Marina piensa que su vida actual se le torna cada vez más insostenible. No desea convertirse en el bastón de su madre; sin embargo, a medida que pasa el tiempo, sus energías se van consumiendo mientras que aumentan sus temores a realizar sus deseos personales. Cuando acudió a la consulta, Marina presentaba síntomas de ataque de pánico y estaba tomando medicación para ello.

La Real Academia Española tiene diversos significados para la palabra víctima. Uno de ellos dice que la víctima es aquella persona que padece daño por culpa ajena o por causa fortuita. Es interesante notar que la palabra "víctima" es definida siempre como aquella persona que padece en manos de otros. Pero pocas o ninguna vez se hace referencia al mecanismo por el cual la persona elige ubicarse en el rol de víctima sin mediar causas externas.

Es importante remarcar que hay víctimas reales a causa de algún suceso traumático como ser un robo, un atentado, o una violación. Estas víctimas fueron objeto de un suceso que las traumatizó y les generó heridas, tanto físicas como emocionales, que requieren de asistencia medica-psicológica para recuperarse. Pero por otro lado, están aquellas personas que suelen escoger posicionarse en el rol de víctimas como si realmente se sintiesen víctimas de la vida. Para representar ese drama interno que sienten real y auténtico, suelen elegir personas que las escuchen y toleren en sus caprichos. Pero, como a veces su rol puede causar rechazo, eligen formas más sutiles para representar a la víctima y ello es a través de manipulación e inducción a la culpa. De esta forma, se aseguran tener a los otros bajo su órbita. Es así como se mantienen vínculos tóxicos de toda clase durante el tiempo, tales como:

- Madres que, desde el rol de víctimas, mantienen a sus hijos bajo su ala, impidiéndoles crecer e independizarse. Con el paso del tiempo, estos hijos hacen poco para salir de esta situación con lo cual se van convirtiendo en los "hijos eternos".

- Amistades que siempre tienen problemas, ya que "nunca les sale nada bien". Por ende, debemos escucharlos y comprenderlos. Para que perdure esta situación, debemos actuar de manera poco asertiva, culpógena y con evidentes dificultades para poner límites.

- Padres que no viven sus vidas plenamente y quieren satisfacerse a través de sus hijos. Por ello, adoptan el rol de víctimas para asegurarse que estarán pendientes de ellos.

- Hijos inmaduros que tienen eternas dificultades para independizarse afectiva y económicamente, de modo que son las "víctimas perfectas" para continuar dependiendo de sus padres. En estos casos, a estos padres les cuesta aceptar que sus hijos no son meras víctimas pasivas, sino que son adultos responsables. Así, los rebajan y sobreprotegen, alimentado su rol de víctima.

¿Usted tiende a vincularse con víctimas resentidas?

La víctima es aquella persona que tiene predilección por colocarse en una posición de sumisión e impotencia, donde asume que no tiene poder para modificar la situación que la angustia. En los vínculos tóxicos, suelen perpetuar su poder a través de la manipulación e inducción de la culpa en el otro. Es importante entender que la víctima siempre precisa de otro que la compadezca y sienta lastima por ella. Es así como se retroalimenta su rol en la vida. Si no existiese un público cautivo que convalidase sus conductas, se vería forzada a tener que cambiar de rol. Las personas que aceptan estas conductas poco adecuadas caen bajo un manto de ilusión: creen erróneamente que la persona que se comporta como víctima, realmente necesita de la lástima y conmiseración ajena. El error más frecuente es intentar ayudar a levantar a la persona, cuando en realidad lo que está precisando es que la confrontemos en su rol de víctima para activar su parte adulta. Una víctima tóxica gusta de hacernos creer que ella "no puede", cuando en el 90% de los casos, en realidad "no quiere". Por ello emplea con suma facilidad frases como *"No puedo", "Lo estoy intentando, pero no consigo", "Las cosas y situaciones son muy difíciles", "Nadie me entiende"*. Todas estas frases suelen estar acompañadas de sus correspondientes expresiones faciales melodramáticas, para acrecentar el efecto buscado: generar lástima en nosotros, a fin de que apoyemos su estado de pasividad e inacción.

Muchas veces somos nosotros quienes podemos tener afición a ubicarnos en el rol de víctima. Cuando nos sentimos desdichados e impotentes de accionar la mayor parte del tiempo, podemos terminar vinculándonos tóxicamente con personas autoritarias, sobreprotectoras y demandantes que "compren" y hasta alimenten nuestro aspecto de víctima. Para muchos de ellos puede resultarles atractivo tener a su lado a una persona en rol de víctima, ya que les permite controlarla y sentirse necesitados e importantes.

A veces las víctimas pueden mostrar el lado oculto de su rostro sufriente, dando paso a sus sentimientos de rencor. Recuerdo el caso de una paciente joven de 30 años que llegó a la consulta psicológica explicándome que padecía un trastorno depresivo y, por esa razón "no quería trabajar ni asumir responsabilidades". Justificaba su conducta culpando a sus padres por haberla descuidado en algún momento importante de su vida. Esta chica estaba esperando que el terapeuta convalidase su diagnóstico y la apoyase en sus declaraciones, algo a lo que me negué rotundamente, ya que percibí su modo peculiar de manipular a su entorno. Cuando comencé a confrontar su manera de colocarse en víctima, enseguida pasó de la postura anérgica y decaída a un estado de resentimiento hacia mí. Por supuesto que esa fue nuestra primera y única sesión, ya que yo no era el terapeuta que ella buscaba para perpetuar su estado de víctima tóxica. Muchas de estas personas se convierten en los pacientes que suelen manipular durante años a los terapeutas. Ese suele ser un error muy grande de nuestra profesión, el colocarnos en "salvadores de pobrecitos" sin entender que esa es la peor forma de ayudar a una víctima tóxica. En la práctica clínica psicológica y en la vida real, es interesante descubrir que, cuando confrontamos a alguien que está compenetrado en su rol de víctima, lo primero que hace es enojarse. Acto seguido, la víctima tiende a evidenciar su frustración y echarnos en cara nuestra "insensibilidad" para con ella y sus padecimientos. El argumento más común que utilizan suele ser que "no entendemos su sufrimiento". Es allí donde aparece sutilmente la invitación a sentir culpa. A esto se le llama manipulación, lisa y llanamente. Dependerá de nuestro grado de cercanía emocional y autoestima si aceptamos la manipulación y, por ende, su carga culpógena.

Aceptar el rol de víctima

A ninguna víctima tóxica le gusta que la saquen de su rol. Suelen estar muy apegadas al papel que desempeñan y, por lo general, tienen un público que les "compra" y refuerza ese rol. Por ende, lo primero que aflora es la rabia ante los intentos que podamos efectuar para enfrentarlas con sus mecanismos inadecuados. El vínculo tóxico con una víctima se establece cuando aceptamos su rol, aun cuando esto nos genere malestar y rabia. Las personas que aceptan en el otro su rol de víctima tóxica suelen tener problemas de autoestima, límites y un sentimiento de omnipotencia muy fuerte que los lleva a creer que, compadeciéndose del otro y tratándola como víctima, la están ayudando. En realidad, hacen exactamente lo contrario.

Cómo lidiar con una víctima resentida

Estar en un vínculo tóxico con una víctima resentida suele ser un desafío muy fuerte a nuestro propio sentimiento de omnipotencia. Constituye una invitación para salirnos del papel de salvadores y asumir nuestra propia responsabilidad como personas, aceptando que el otro no es una víctima, sino una persona adulta que hace sus propias elecciones. También implica aprender a salir de nuestro propio lado de víctima y asumir la responsabilidad de lo que queremos y necesitamos. Las siguientes son algunas sugerencias para comenzar a lidiar con nuestro propio lado tóxico, como también con las personas en el rol de víctimas:

- **Asuma la responsabilidad de lo que quiere en su vida:** ¿Usted es consciente de lo que le gusta hacer en su vida? ¿Lo practica con frecuencia? Una víctima se auto incapacita para no moverse hacia lo que le da placer. Empiece a ser consciente de lo que le da placer. Tome una hoja en blanco y escriba 15 actividades que le den satisfacciones y alegría.

- **Comprométase a realizar lo que le gusta:** una vez que escribió lo que le gusta, comprométase a realizar 2 de estas 15 actividades. Para ello establezca un plazo de tiempo. Salir del rol de víctima implica llevar a cabo acciones que nos permitan tener mayores niveles de placer y bienestar.

- **Aprenda a calificar adultamente a una víctima:** cuando sostenemos un vínculo tóxico con una víctima, estamos creyéndonos su argumento distorsionado. Sin darnos cuenta la estamos rebajando y descalificando. A partir de ahí apelamos a conductas sobreprotectoras inadecuadas que nos perjudican. Aprendamos a calificar a la víctima como una persona adulta que posee el potencial para funcionar responsablemente. Sepamos que es su elección hablar como víctima, pero también es la nuestra elegir tratarla de otra manera más adecuada.

- **Anímese a confrontar sus sentimientos de culpa:** la culpa es el mecanismo que lo puede estar atando a usted en un vínculo con la víctima tóxica. Anímese a examinar atentamente estos sentimientos que tiene hacia la víctima bajo un tamiz adulto. Pregúntese realmente cuáles son los motivos por los que usted está eligiendo sostener este vínculo tóxico. Cuanto mayor sea nuestra mirada adulta y madura, menor será el sentimiento de culpa por ende no permitiremos que la víctima nos manipule.

C. El agresivo

Alberto es hombre de 40 años, casado y con 3 hijos pequeños. Es gerente de una importante multinacional, cargo que ocupa luego de muchos años de trabajo arduo y de mantener un estilo de comunicación agresivo y trepador. Su problema es que está acostumbrado a dirigirse a su familia y empleados desde una posición intimidante, agresiva y por momentos violenta. Alberto está casado con Delia, una mujer que acepta callada y sumisamente los frecuentes maltratos verbales y explosiones de Alberto. Sus hijos también le temen a las descalificaciones y gestos amenazantes de su padre. Están acostumbrados a jugar callados, ya que el menor ruido puede despertar la cólera de su padre. En tanto que los cientos de empleados que están bajo su cargo tienen constante temor a ser despedidos. Muchos de ellos toleran resignadamente los desplantes y expresiones irónicas y despectivas que Alberto desliza permanentemente hacia ellos, ya que creen que si hiciesen algo serían despedidos. En cuanto al círculo de amistades, Alberto suele mantener una fachada más sociable y cordial. Son pocos los que sospechan la manera dura y cuasi tiránica con la que se vincula con su familia. Después de años de sufrimiento conyugal, y a punto de empezar un tratamiento psiquiátrico por trastorno depresivo, Delia decidió iniciar un tratamiento psicológico.

Según la Real Academia Española, la palabra "agresivo" tiene varios significados:

1. Dicho de una persona o de un animal. Que tiende a la violencia.

2. Propenso a faltar al respeto, a ofender o a provocar a los demás.

3. Que implica provocación o ataque. Discurso agresivo. Palabras agresivas.

Una persona es agresiva cuando su modo de expresarse y comunicarse involucra, de forma verbal y corporal, gestos y palabras que generan malestar, impotencia, temor y dolor en el otro. *El agresivo es aquel que lanza su toxón o veneno de diversas maneras que faltan el respeto, ofenden y provocan al otro.* Recreando el mito de Aquiles, son muy habilidosos para detectar los puntos débiles del otro, para luego valerse de la agresión a fin de menoscabarlos y hacerlos sentir vulnerables.

El agresivo puede valerse de las siguientes actitudes o conductas tóxicas:

- **Descalifican:** el agresivo suele utilizar la descalificación para generar un sentimiento de inferioridad en el otro. Ello lo pueden realizar a través de gestos faciales, palabras hirientes o simplemente ignorando a la persona en cuestión. Con ello pueden lograr un efecto ofensivo demoledor en los otros.

- **Son violentos:** pueden ocasionar daño físico a otros a través de sus palabras y conductas. También se caracterizan por una falta de control de sus impulsos, lo cual los lleva a actuar ante la menor sensación de frustración o rabia hacia el otro, en vez de comunicarse adecuadamente. El violento suele ser amenazante y su mera presencia puede intimidar. Miles de niños caprichosos con pocos límites por parte de sus padres son potenciales candidatos a actuar violentamente en su adultez. Claro que el violento puede establecer vínculos tóxicos con aquellas personas infantiles que les temen, pero no los confrontan adultamente porque ello cortaría de cuajo la relación.

- **Son filosos con su lengua:** la agresividad tiene diversas formas de manifestarse. Están las personas que pueden no agredir físicamente pero atacan verbalmente a aquellos que desean. Su lengua filosofa cual cuchillo, es capaz de ocasionar mucho daño a través de críticas, descalificaciones, comparaciones, insultos y gritos. Lo que logran es que las demás personas les teman. Cabe recordar que suelen tener éxito con aquellos poco propensos a defenderse y establecer límites sanos.

- **Son discutidores permanentes:** discutir e intercambiar puntos de vista es un pasatiempo saludable, siempre y cuando sea realizado adultamente, respetando y escuchando al otro. Los "discutidores permanentes" necesitan debatir con saña, a costa de intentar descalificar al otro. En su modo de discutir, no buscan la sana confrontación, sino que necesitan aliviar sus tensiones internas atacando al otro. Aparte, suelen generar una discusión de lo más sencillo, con lo cual las fiestas o eventos sociales a los que acuden se transforman en campos de batalla que generan altos niveles de estrés en los demás. Para involucrarse en un vínculo tóxico con estas personas, es necesario poseer parte de estos rasgos y gustar de exponernos al daño que generan. De otra forma, evitaríamos entrar en contacto con ellos.

- **Psicopatean:** algunas personas agresivas pueden llegar a manifestar conductas psicopáticas. Eso no significa que toda persona agresiva es un psicópata. La agresividad se convierte en un rasgo psicopático cuando se vuelve un hábito repetitivo carente de autorreconocimiento por parte del agresivo. Un psicópata agrede y encima puede hacerle sentir a usted que es el culpable. Los vampiros energéticos son duchos en el arte de agredir de diversas formas, desde las más explícitas hasta las más sofisticadas, para luego hacer sentir que usted es el responsable. Jugarán a un juego tóxico que consiste en hacerlo sentir el culpable de que ellos se hayan expresado de la manera en que lo hicieron. Es el caso de muchas personas violentas, que una vez que golpearon o agredieron verbalmente a sus parejas, les endilgan un sermón para adjudicarles la culpa, sin que haya un intento de hacerse responsables de su propia toxicidad.

¿Por qué buscamos relacionarnos con personas agresivas?

Las personas agresivas funcionan en vínculos tóxicos en los cuales el otro permanece resignado, sintiéndose vencido e inferior. Muchas veces, quienes están con ellos son también personas agresivas reprimidas. A veces hasta pueden manifestarse, de modo que se observan peleas, discusiones y luchas por el poder. Sin embargo, el vínculo tóxico prosigue, con el consiguiente daño psicológico para quienes están implicados. Ninguno quiere renunciar a ese patrón disfuncional de comunicación. Es difícil que el agresivo pueda subsistir en un vínculo en el cual el otro se defienda y mantenga una comunicación asertiva. Es por ello que el agresivo gusta escoger contrincantes de menor tamaño y autoestima ya que estos pueden constituir blancos fáciles de su cólera. Las personas que se involucran y permanecen en un vínculo tóxico con los agresivos terminan decaídas, frustradas y con poca energía. La agresividad es una de las formas más potentes y dañinas que tiene el vampiro energético para controlar al otro. Principalmente cuando se trata de personas temerosas, inseguras y de baja autoestima.

Nuevamente es importante recalcar que estos vínculos tóxicos subsisten cuando los otros tienen anulada su capacidad de establecer límites sanos frente a la agresividad. *Una persona que se siente poco merecedora de vivir una vida plena, adulta y gratificante, tiene grandes posibilidades de participar de un vínculo tóxico duradero con esta clase de vampiro energético.* Muchas veces permitimos que la agresividad sea la moneda corriente en nuestros vínculos, ya que nos acostumbramos a ello debido a que en nuestro entorno familiar y social no se la considera algo inadecuado. Al respecto, la renombrada terapeuta francesa Marie France Irigoyen, autora de *Acoso Moral*, acota lo siguiente:

> *Los pequeños actos perversos son tan cotidianos que parecen normales. Empiezan con una sencilla falta de respeto, con una mentira o con una manipulación. Pero solo los encontramos insoportables si nos afectan directamente. Luego, si el grupo social en el que aparecen no reacciona, estos actos se transforman progresivamente en verdaderas conductas perversas que tienen graves*

consecuencias para la salud psicológica de las víctimas.
(Irigoyen, *2000*; p. 17).

El acostumbramiento a los vínculos tóxicos agresivos produce profundos daños bio-psíquicos, aunque, paradójicamente, quienes lo padecen se resisten a finalizarlos. Recuerdo el caso de una paciente que atendí durante 7 meses, cuyo motivo de consulta era que convivía desde hacía 10 años con un marido violento. Esta paciente contaba que su esposo la descalificaba y por momentos la ignoraba. Cada vez que ella quería conversar con él acerca de sus dificultades matrimoniales, su marido rehuía del contacto y le decía de manera despectiva que ella "estaba loca y precisaba ir al psicólogo para hacerse tratar de la cabeza". Si bien esta paciente padecía esta clase de maltratos desde hacía años, no hacía nada concreto para salirse del vínculo tóxico. Más bien se quejaba y sufría diversos síntomas psicosomáticos, pero permanecía pasiva y resignada en la relación, aun a costa del deterioro que ello ocasionaba a su salud. En el fondo de su ser tenía pavor a la soledad y estaba acostumbrada a recibir esa clase de atención afectiva negativa por parte de su pareja y entorno familiar, razón por la cual, por más que se disgustase, prefería permanecer al lado de una persona agresiva. Al final, esta mujer abandonó el tratamiento con la excusa de la falta de dinero, pese a que llegar a conseguirlo estaba en sus manos. En la práctica clínica, aprendí que atender a mujeres que conviven con personas violentas suele ser una tarea ardua y complicada, debido a que estas pacientes tienen una tendencia muy fuerte a manipular y ubicarse en el rol de víctimas tóxicas. Desde su discurso externo expresan sus sufrimientos, pero en el plano de la realidad tienen una resistencia muy fuerte a abandonar el vínculo tóxico. Por ello acuden a la consulta buscando soporte, pero a la vez desestiman los intentos del terapeuta por ayudarlas. En cierta forma, pueden actuar como vampiros energéticos, demandando energía del profesional, pero a la vez saboteando cualquier iniciativa que pueda ayudarlas a pararse ante la vida de manera más firme y adulta. Otra de las excusas más frecuentes de estas pacientes para seguir dentro de ese vínculo violento es que dicen amar a su pareja. El problema es que esa clase de amor está sumamente contaminado y las va matando lentamente. Y esto no es un concepto metafórico, sino más bien literal. Los maltratos van minando gradualmente sus ganas de vivir hasta que muchas comienzan a jugar con la idea del suicidio.

La manipulación crónica

A menos que asuman la responsabilidad de estar eligiendo un vínculo tóxico que las daña y que ellas, al mismo tiempo, poseen los recursos para vivir otra clase de vida más saludable, estas pacientes se vuelven manipuladoras crónicas del ambiente que las rodea. En los vínculos tóxicos no existe un culpable, sino que hay dos responsables: uno que asume el rol de vampiro energético y otro que se deja dominar en forma irresponsable.

Cómo lidiar con un agresivo

Los agresivos pueden llegar a consultar a un profesional cuando observan que sus actos les están generando consecuencias negativas, imposibles de pasar por alto. Sin embargo, dependerá de su disposición y deseo de hacerse responsables el que puedan sostener un tratamiento psicológico. Una persona agresiva constituye un problema complicado para enfrentar. Hasta puede resultar peligroso, como lo es el caso de los violentos. Sin embargo, conviene tener en cuenta ciertas sugerencias que nos permitirán enfrentarnos eficazmente con este perfil de vampiro energético:

- **Asuma su poder personal:** la estrategia de una persona agresiva consiste a grandes rasgos en la intimidación. Por medio de sus conductas y actitudes agresivas, pretenden asustarlo. En el 90% de los casos, detrás de un agresivo hay un niño asustado y rabioso. Confíe en su poder personal. Usted es una persona potente y capaz de enfrentar los desafíos de la vida. Entienda que es usted quien da su poder al agresivo para que lo asuste.

- **Reconozca sus temores frente al mundo:** ¿Qué teme usted en la figura del agresivo? Elegimos vincularnos y temer a una persona agresiva cuando no somos conscientes de nuestros miedos. Por eso terminamos proyectándolos en la figura de la persona agresiva con la que nos vinculamos. Abrace sus propios temores. No hay nada errado en tener miedos. El problema es no aceptarlos, ya que eso nos lleva a padecerlos. *Cuanta más conciencia adquiramos sobre nuestros miedos, mayor será el sentimiento de seguridad y valor que tendremos para decir "basta" a las agresiones.*

- **Aprenda a poner límites:** las personas agresivas pueden ofendernos cuando se lo permitimos. Usted no tiene por qué permanecer en un vínculo tóxico siendo descalificado o agredido una y otra vez. Aprenda a decir "basta" a la agresión gratuita. Practíquelo con fuerza, parado frente al espejo. Entienda que no se merece ser agredido. Precisamos entrenarnos en el arte de la asertividad.

- **Recupere su propio lado guerrero:** muchas veces nos vinculamos con personas agresivas porque reprimimos nuestro propio lado vital y potente. Empiece hoy mismo a aceptar en usted su lado animal y guerrero. Usted tiene fuerza y vitalidad, aunque no lo crea. Al amigarnos con ese aspecto interno, no precisamos buscarlo afuera de manera inadecuada, en una persona agresiva.

D. El sufriente quejoso

Margarita es la mamá de Laura, una joven de 35 años. El problema con Margarita es que se la pasa quejándose de todo lo que la rodea. Para Laura y su novio Esteban, cada visita a la casa de su madre representa una pesadilla. Margarita solo habla de las noticias feas que leyó en el diario o vio en la TV. A su discurso repetitivo le agrega expresiones faciales de sufrimiento y dolor. Poco pronuncia acerca de su vida personal y si lo hace es para quejarse acerca de ciertas personas que no le prestan la atención que ella quiere. Laura no sabe cómo tratar a su madre. En verdad la quiere mucho, pero a la media hora de estar con ella comienza a sentirse irritada y agotada. Al no saber cómo decirle a su madre lo que siente realmente, comienza a discutir con ella, tornando las reuniones familiares en discusiones desgastantes. Laura no sabe qué hacer al respecto, ya que su novio Esteban amenazó con no visitar más a su madre. Laura está muy dolida, pero a la vez siente remordimiento de tener que poner límites a las formas quejosas de su madre, ya que cree que ella "no puede hacerse cargo de sus problemas". Pero, por otra parte, sabe que si no hace algo pronto se quedará sin novio y su salud se deteriorará. De hecho, durante el último mes, visitó al medico debido a que comenzó a caérsele el cabello.

Según la Real Academia Española, la palabra "sufrimiento" tiene los siguientes significados:

1. *m.* Paciencia, conformidad, tolerancia con que se sufre algo.

2. *m.* Padecimiento, dolor, pena.

Por su parte, la palabra "queja" tiene los siguientes significados:

1. Expresión de dolor, pena o sentimiento.

2. Resentimiento, desazón.

3. Acción de quejarse.

4. *Der.* Acusación ante juez o tribunal competente, ejecutando en forma solemne y como parte en el proceso, la acción penal contra los responsables de un delito.

Si unimos ambos significados podemos inferir que un quejoso sufriente es aquel que se conforma con lamentarse acerca de su dolor o pena, permaneciendo en un estado de desazón y resentimiento. En el aspecto concreto el quejoso expresa indignación, pero hace poco y nada para modificar sus circunstancias.

Esta clase de vampiro energético tiene una peculiaridad: le gusta expresarse en términos dramáticos, tendiendo a percibir el lado negativo de la vida. Parecería que su percepción está enfocada en los sucesos trágicos. Por ello, cada vez que leen un diario, ven la TV o conversan con alguien, quedan prendidos de aquel contenido negativo que percibieron. Es como si su mente funcionase con las anteojeras de un caballo que filtra únicamente aquello que entra en su campo de visión negativo. Nunca veremos al quejoso sufriente comentar alguna noticia positiva o regocijarse con sus logros o el de los otros. Por el contrario, tienen una marcada tendencia a remarcar y coleccionar las faltas y problemas ajenos, ya que eso constituye su alimento emocional con el cual arman sus quejas y muestran su rostro sufriente al mundo.

Placer por sufrir

A la persona quejosa le gusta sufrir. Hay un dejo importante de masoquismo y placer en su accionar quejoso. Puede permanecer horas en la queja, pero no está interesada realmente en accionar cambios.

Las personas quejosas sufrientes están aferradas al lado trágico de la vida. Su vocabulario está plagado de referencias al dolor, la angustia y la frustración que le producen los hechos, sucesos y personas. Estas personas están estancadas en lo que les falta. En vez de mirar y reconocer sus méritos y logros, se empeñan en criticarse negativamente. Son mezquinas consigo mismas, ya que no quieren apreciarse ni estimarse. Si hiciesen eso, su queja se diluiría, por ende quedarían huérfanos de argumentos vitales para expresarse y, quizás ahí, emergerían sus emociones auténticas. Esta modalidad, poco generosa para con ellos mismos, la reproducen en sus vínculos externos.

Estas personas utilizan la queja para tapar sus emociones reales de dolor, tristeza y rabia. El problema es que están demasiado apegados a ella y su dolor. De hecho tienden a sobreexagerarlo y dramatizarlo, y para ello buscan un público que los escuche. El quejoso sufriente tiende a mirar siempre el lado negativo de la vida; el medio vaso vacío predomina sobre el vaso lleno.

¿Usted tiende a vincularse con personas quejosas sufrientes?

Para que un quejoso sufriente genere un efecto tóxico, tiene que existir otra persona que permanezca a su lado escuchando y tolerándolo. Y ello no es tan sencillo, ya que esta clase de vampiros energéticos suele generar rechazo en muchas personas. Una persona que se vincula con ellos precisa poseer una dosis de paciencia extrema rayana en la aceptación tóxica. Son esas personas que tienen problemas para establecer límites en la comunicación con los demás. También son temerosas de ofender y desairar al quejoso, por eso permanecen a su lado en estado de resignación. Prefieren convertirse en espectadores y oyentes pasivos, en vez de asumir la responsabilidad del malestar que la queja les causa y expresar lo que sienten y piensan. Generalmente, estas personas que se relacionan con los quejosos suelen tener rasgos masoquistas, ya que prefieren perder su tiempo sufriendo la queja tóxica del otro en vez de probar una forma de comunicación más adulta y gratificante. Quizás usted ha intentado confrontar a algún familiar o amigo en ese estado tóxico, pero se encontró que éste le respondía de mala manera, haciéndolo sentir culpable. Al igual que las víctimas, a los quejosos les gusta tener público cautivo; cuando sus allegados más cercanos se resisten a ello, suelen utilizar la manipulación inductora de la culpa. La diferencia con las víctimas es que los quejosos poseen un nivel de vitalidad mayor; su tono muscular es más potente. Pueden quejarse, pero a la vez desplegar normalmente sus actividades. Por su parte, las víctimas suelen caer en estados de depresión y energía. Los quejosos sufrientes utilizan la queja como vehículo principal, en tanto que la víctima resentida despliega toda una conducta corporal de pasividad y resignación que le quita fuerzas.

Más allá de estas diferencias, es importante comprender que, cuando elegimos vincularnos con personas quejosas sufrientes, estamos escogiendo sufrir, puesto que nos quedamos pasivos frente a su queja pesada y densa. Un vínculo tóxico con estas personalidades está compuesto de dos personas masoquistas: una que elige quejarse como su hobbie favorito y la otra que decide escucharla y tragar su toxón. ¿A usted le gusta permanecer en un vínculo con una persona sufriente que pasa la mayor parte del tiempo quejándose? ¿Qué efectos genera en usted? ¿Qué hace para detener esta modalidad tóxica en los demás... o en usted mismo?

Cómo lidiar con un sufriente quejoso

Por lo general, éstas son las personas que acuden a la consulta psicológica y pueden pasar casi toda la hora quejándose acerca de sus problemas. Dependerá de la habilidad terapéutica ayudarlos a moverse de ese espacio tóxico. Un vínculo tóxico con un sufriente quejoso puede acarrearnos malestar, irritación y estrés. Usted puede autoconvencerse de que es más importante escuchar la queja del otro; pero, si esto se repite frecuentemente, su umbral de tolerancia puede verse traspasado y con ello aparecen sensaciones displacenteras. Es importante comprender que todos podemos quejarnos en algún momento de la vida, pero las personas que eligen hacerlo de manera frecuente sin hacer nada para solucionarlo, son responsables de elegir una vida pobre y limitada. ¿Por qué usted asume con tanta liviandad el hacerse responsable de escucharlas? ¿Acaso le pagan para hacerlo? ¿Está dispuesto a pagar el costo de permanecer al lado de un sufriente quejoso?

Lidiar con esta clase de vampiros energéticos es bastante accesible y más sencillo que los otros perfiles. He aquí las siguientes indicaciones para poder transformar un vínculo tóxico de esta clase en otra clase de relación:

- **Acepte que el quejoso es un adulto responsable:** es importante entender que toda persona adulta puede asumir el compromiso con su vida. Todos tenemos la capacidad de afrontar nuestras dificultades. Y también podemos pedir ayuda cuando lo precisemos. Un quejoso es un adulto que elige mirar lo que le falta y apegarse a ello con sufrimiento. Usted no tiene por qué imitarlo.

- **Limite los encuentros con la gente quejosa:** usted puede invitar adultamente al quejoso a que cese su conducta tóxica y se exprese de manera más madura. Si se niega, usted tiene derecho a limitar sus encuentros con esa persona. No tiene sentido insistir dialogar con una persona que se rehúsa a salir de su actitud quejosa. Confíe en usted mismo y tome una decisión para preservar su salud y bienestar. Si hace falta, tome distancia.

• **Aplique el humor en la queja:** cada vez que escuche quejarse en forma repetitiva a esa persona que usted ya conoce, practique algo nuevo y diferente: emplee el humor. Cuando vea que la persona entra en ese estado insoportable de queja, usted bien podría decirle "Esperá un momento, tengo una guitarra conmigo... ¿Qué te parece si componemos una canción con la letra de tus quejas?". Si la persona quejosa tiene algo de sentido del humor, podrá reírse con usted y cortar el estrés de la queja. Sin embargo, si el quejoso se resiente con su broma, usted puede responder lo siguiente: "Te estoy ofreciendo la posibilidad de hacer algo productivo con tu queja y te enojas conmigo... Sinceramente no tengo ganas de escucharte repetir una y otra vez la misma queja". Es ahí el momento de ponerse firme y hacer valer sus derechos. O acaso, ¿usted consentiría en tragarse un jugo de frutas podrido de manera periódica? ¿Considera que eso sería bueno para su salud? Usted bien sabe que no. Lo mismo sucede con la queja tóxica. No tiene por qué ingerirla alegremente. Hágaselo saber al vampiro energético.

• **Trabaje su propio lado quejoso sufriente:** pruebe quejarse de manera consciente dos minutos al día. Hágalo a fin de agotar su propio lado quejumbroso. Cuando somos complacientes con nuestro propio quejoso sufriente, tendemos a vincularnos con otros similares. Experimente darse unos minutos para quejarse plenamente, a fin de no funcionar como quejoso el resto del día. Ponga límites a su quejoso interior y comprobará que fácil es colocarles límites a los quejosos externos.

E. El exigente demandante

Roberto es un joven de 35 años que dirige un importante y exitoso salón de belleza para mujeres. Tiene a su cargo 20 empleados a quienes exige continuamente para que den lo mejor de sí mismos. Roberto es muy tajante en cuanto a las reglas de su salón: quienes trabajan allí deben ser lindos y delgados, ser excelentes profesionales y atender de manera exclusiva las demandas de sus clientas. No importa que trabajen hasta 12 horas de pie y terminen extenuados de cansancio, Roberto siempre tiene una palabra de exigencia y crítica hacia ellos. Nunca está satisfecho con lo que ve en su salón. Las clientas de alto poder adquisitivo eligen atenderse en ese lugar porque saben que sus caprichos serán satisfechos inmediatamente. Roberto demanda que sus profesionales sean poco más que perfectos, pudiendo enojarse ante la menor equivocación de alguno de ellos. Si bien quienes trabajan allí pueden ganar muy bien, viven atemorizados de los juicios y evaluaciones de Roberto. Con el paso del tiempo, el clima laboral comenzó a enrarecerse, ocasionando ausencias laborales que perjudicaron al salón. Los empleados comenzaron a manifestar síntomas de agotamiento nervioso y estrés, lo cual motivó un mayor enojo por parte de Roberto.

Los exigentes demandantes son aquellos con exigencias tan altas respecto de sí mismos y los demás, que nunca están satisfechos con el desempeño del resto. Por ende, están continuamente exigiendo y demandando un esfuerzo extra, aun a costa de generar daños emocionales y de salud en el otro. Por otra parte, asumen una posición de superioridad: consideran que sus percepciones, pensamientos y juicios son poco más que magistrales. Nada de lo que el otro diga se acercará a su nivel. De esta forma, les gusta posicionarse en rol de examinadores y evaluadores de los demás. Esto los lleva a adoptar actitudes soberbias donde asumen que sus puntos de vista son superiores a los del resto. Muchos líderes políticos y espirituales suelen asumir esta faceta de vampiros energéticos, ya que son buscados por miles de personas inseguras y carentes de confianza interna que precisan que haya un otro externo que asuma el rol de sabelotodo indiscutido que organice y estructure sus vidas.

¿Por qué nos involucramos con exigentes demandantes?

Cuando no asumimos la responsabilidad de confiar y calificar nuestra capacidad de pensar, resulta tentador buscarnos una persona que muestre un aire de superioridad y que nos diga lo que debemos hacer. El problema es que terminamos pagando un precio muy caro por resignar nuestra libertad. *Mantener un vínculo tóxico con un exigente demandante implica ponernos por debajo de nuestras capacidades para ser aceptados y tolerados.* Ello constituye un pecado muy grande que cometemos en nuestra contra, ya que nos obligamos a disminuir nuestro poder personal en la creencia distorsionada de que ello nos valdrá la aceptación y aprobación del exigente.

Otra característica saliente del exigente demandante es su alto nivel de crítica tóxica que utiliza para desvalorizar al otro y hacerlo sentir que no califica de acuerdo a sus expectativas. Dicha crítica puede ser realizada a través del sarcasmo, la ironía o el mal humor. Puede ser expresada de manera directa o sutilmente. Pero en todos estos casos, la crítica es presentada de manera ofensiva y dañina. El exigente demandante presenta marcadas dificultades para trasmitir adecuadamente sus ideas sin apelar a una carga de autoridad auto impuesta. En su trato con los demás, la falta de consenso y tolerancia a las diferencias brilla por su ausencia. Le cuesta enormemente comunicarse de manera constructiva a través del diálogo. El exigente demandante prefiere dar cátedra a intercambiar ideas. Su rol predominante es el de maestro de los demás, y usará la crítica destructiva para mantener a raya cualquier intento de insubordinación que presuponga poder pensar de manera distinta y más abierta. En su inconsciente, no concibe al otro como un par del cual puede enriquecerse como persona. Por el contrario, los percibe como personas por debajo de su nivel, que le sirven para brindarle la atención y el afecto que necesita desesperadamente, pero no consiente en reconocer.

Los exigentes demandantes pueden estar en las diversas áreas de nuestra vida: amistad, trabajo, familia o pareja. Como jefes resultan insoportables, ya que nada de lo que hagamos terminará por satisfacerlos y siempre exigirán sangre y sudor de nuestra parte. Lamentablemente, esta clase de perfil resulta bastante común en cargos gerenciales de diversas empresas importantes de la Argentina y el mundo, con lo cual el daño ocasionado al personal es muy grave, pudiendo generar gran parte de las ausencias laborales que cuestan millones de dólares a las compañías.

También puede resultar una pesadilla tenerlos como amigos, ya que son muy controladores y están siempre atentos a cualquier error que podamos cometer. Parecen estar listos a saltarnos encima para indicarnos que estamos en falta. Esto pueden hacerlo de manera suave, pero terminante. Un humorista podría denominarlos "semáforos en rojo", porque siempre nos hacen detenernos y esperar a su aprobación para continuar nuestro camino.

Como pareja, por su parte, resulta muy difícil convivir con ellos sin desgastarnos y quedarnos faltos de energía. Su *modus operandi* como vampiros energéticos consiste en hacernos sentir que nada de lo que hagamos terminará de complacerlos. Para ello, se procuran personas que sean mansas y con un alto grado de autoexigencia. Solamente así pueden acceder a involucrarse en un vínculo tóxico tan desgastante. Muchos hombres que poseen este perfil suelen procurarse una mujer al estilo *Barbie*: una muñeca bella, pero sin carácter, totalmente maleable a sus caprichos, a la que pueden ir moldeándola acorde a sus deseos. En tanto que las mujeres de esta clase hacen lo similar con hombres a quienes puedan controlar fácilmente.

El placer de someter al otro

El exigente demandante no se relaja ni disfruta. Su placer pasa por someter al otro a un férreo control donde puedan volcar sus insatisfacciones y altas exigencias. Los exigentes demandantes suelen ser los adictos al trabajo que, al asumir cargos gerenciales, pueden ser responsables de generar una atmósfera tensa e hipercompetitiva que termina enfermando a gran parte del personal. También son las personas que controlan y evalúan permanentemente y en cuya presencia nos sentimos como si estuviésemos rindiendo examen, con lo cual nunca nos podemos relajar. Claro que para permanecer en un vínculo tóxico con ellos debemos tener una necesidad muy grande de aprobación externa, al mismo tiempo que nos desaprobamos a nosotros mismos. De otra forma no los buscaríamos para que nos exijan de manera tóxica y dañina.

Cómo lidiar con el exigente demandante

Estos son la clase de pacientes que suelen intentar competir con el psicoterapeuta como si quisiesen medir sus fuerzas, en vez de reconocer sus dificultades de forma humilde. Al exigente demandante le cuesta aceptar sugerencias terapéuticas y escuchar al otro. Eso se manifiesta en el espacio terapéutico. Por otra parte, pueden llegar a demandar bastante del profesional.

Lidiar con esta clase de vampiros no resulta sencillo, puesto que adoptan un aire de superioridad difícil de rebatir. Sin embargo, siguiendo alguna de estas indicaciones es posible redefinir nuestra relación tóxica con ellos:

- **Evite competencias de poder desgastantes:** el exigente demandante gusta de ubicarse en una posición de superioridad moral desde la cual enseñar. En vez de pelearse o discutir, déjelo hablar y ríase con esa persona. Entienda que no se trata de discutir inútilmente, sino de dejarlo solo hablando. A veces, esta clase de vampiros promueven competencias de poder que resultan desgastantes. Por ello, déjelo desempeñar su papel. Observe el gasto que le lleva a esa persona colocarse en esa posición y aprenderá mucho acerca de usted mismo.

- **Conozca mejor a su propio crítico interno:** generalmente nos vinculamos con exigentes demandantes críticos porque nos desaprobamos y exigimos en exceso a nosotros mismos. Somos nuestros peores críticos, pero no nos hacemos conscientes de ello, por ende, tendemos a vincularnos con los demandantes exigentes.

Experimente escribir un relato autobiográfico en primera persona donde usted libere a su aspecto demandante exigente. Comience el relato así: "Soy el demandante exigente y me gusta…". Escriba y deje salir a su aspecto demandante exigente. Encontrará que, cuanto más lo suelte, menos necesidad tendrá de vincularse con personas en ese rol.

- **Confronte sus propias exigencias inadecuadas:** a veces cargamos de manera inconsciente un conjunto de creencias y exigencias inadecuadas acerca de nosotros mismos y el mundo que nos rodea. Quizás usted porta las exigencias de sus padres que le repetían y mostraban que "Hay que hacer las cosas perfectas; sino, no sirve" o "Nada de lo que haga es suficiente para satisfacer a mis padres". A veces estamos manteniendo esta clase de creencias y exigencias negativas de otros y al no tamizarlas bajo una lente más adulta nos producen daño, dolor y vínculos tóxicos con personas exigentes. De esa manera, reproducimos en nuestra adultez la clase de vínculo tóxico que recibimos en nuestra infancia. Por ello haga un listado de las creencias y exigencias que usted siente que le están quitando energía y alegría. Escríbalas en papel y luego compártalas con sus amigos, terapeuta o allegados, a fin de analizar si son adecuadas para usted en este momento actual.

- **Sea consciente de su valor como persona:** ¿usted es consciente de sus cualidades? Tendemos a vincularnos tóxicamente con demandantes exigentes cuando nos negamos a reconocer nuestras capacidades. Al ser mezquinos en apreciar nuestros atributos y dones, atraemos a las personas que se comportan miserablemente con nosotros a través de actitudes de demanda, críticas y exigencias excesivas. Pruebe ahora mismo hacer un listado de 10 de sus cualidades. Sea generoso con usted mismo, comenzando a reconocerse como persona valiosa. Cuanto mayor sea su autoreconocimiento, menores serán las posibilidades de seguir tolerando a un demandante exigente.

F. El malcriado

Graciela es una mujer de 33 años, empleada administra-
tiva de un estudio contable. Hace más de un año que con-
vive con Matías. Desde hace 5 meses, Graciela comenzó
a sentirse angustiada, dolida y frustrada, ya que Matías la
critica continuamente por todo lo que ella hace: la comida,
sus modales, etc. Graciela siente que Matías le demanda
constantemente energía y tiempo, queriendo que ella esté
pendiente de él como si fuese un niño pequeño que requi-
riese atención permanente. Por otra parte, suele culparla
de sus problemas económicos y la falta de trabajo. Cada
vez que Graciela no hace lo que Matías quiere, se enoja y
comienza a culparla de todo. Graciela acude a la consulta
psicológica diciendo que "tiene la autoestima por el piso";
también, que ya no está viendo a sus amigas como antes,
porque Matías le dice que no lo haga, "que debería estar
en la casa junto con él y valorarlo más como hombre". Ade-
más cuenta que cada vez tiene menos ganas de visitar a
su familia e ir a estudiar a la universidad, ya que se siente
atada a los caprichos de Matías, a los cuales no sabe cómo
responder adecuadamente.

El malcriado es otro de los perfiles que puede adoptar un vampiro
energético a fin de absorber nuestra energía vital. Según la Real Academia Española, la palabra malcriado tiene los siguientes significados:

1. Falto de buena educación, descortés, incivil.
2. Se dice por lo común de los niños consentidos y maleducados.

La persona malcriada es aquel adulto que de alguna manera
quedó fijado en una etapa infantil donde fue consentido y male-
ducado por su ambiente familiar y social. O, por el contrario, fue
tan desatendido que de adulto demanda ser cuidado por quienes
lo rodean. Estas personas suelen tener enormes dificultades para
aceptar los límites adultos de otras personas. Sobre todo, cuando
contrarían sus deseos y caprichos. En su funcionamiento psicológico, se sienten con derechos especiales que los demás deben re-

conocer y acatar, cual niños consentidos. Es por eso que, cuando interactúan con otros, su nivel de tolerancia a la frustración es muy bajo, pudiendo tener frecuentes accesos de cólera y llanto cada vez que no obtienen lo que desean. Las personas malcriadas son adultos infantiles, con una baja capacidad para dialogar y razonar como seres maduros. Les cuesta escuchar aquello que no se adapte a su forma de ver la realidad, tal como los niños pequeños. Por ello manifiestan dificultades para expresar lo que piensan y sienten en forma adecuada y clara. En su lugar, tienden a actuar impulsivamente, ofendiéndose ante la menor negativa que otros tengan respecto de sus deseos. El problema con estas personas es que intentan conducirse en la vida real como lo hacían de pequeños.

Este perfil puede llegar a ocasionar serios inconvenientes en las diversas áreas de nuestra vida. Si ocupan cargos importantes dentro de una empresa, pueden volverse una pesadilla para sus empleados. De hecho, existen numerosos testimonios de personas con cuadros de estrés agudo debido a haber tenido jefes autoritarios, caprichosos y exigentes, que no tenían la menor delicadeza hacia ellos.

La persona malcriada tiene conflictos marcados para empatizar con el otro, ya que para ella están primero sus problemas y el resto puede esperar. En ese sentido, suelen tener las siguientes características:

- **Son egoístas y manipuladores**: precisan que las personas estén pendientes de sus caprichos, ya que para ellos sus deseos son lo más importante. Para ello, apelan a la manipulación y demanda infantil, a fin de obtener lo que quieren de los demás.

- **Son egocéntricos**: quieren ser el centro de atención de las personas que ellos quieren o estiman. En las reuniones o en sus vínculos tóxicos buscan acaparar la energía y afecto de los demás; si no lo reciben en la medida deseada, se enojan profundamente con el otro, pudiendo llegar a ofenderlos. En ese sentido pueden pasar rápidamente al rol del agresivo.

- **Quieren recibir en vez de dar**: como en su psiquis se sienten especiales y merecedores de un trato preferencial VIP, insisten en querer recibir de los otros en vez de dar. El intercambio afectivo con ellos se vuelve asimétrico ya que continuamente piden y demandan desde una posición infantil, en vez de observar qué necesitan los demás. Se vuelven niños demandantes de caricias, comodidades, dinero y atenciones. Demuestran una fuerte incapacidad de actuar adultamente y ocuparse de los otros.

- **Actúan como niños berrinchosos autoritarios:** son adultos que se comportan como niños iracundos ante la menor señal que contraríe sus deseos, lo cual los puede llevar a actuar en forma autoritaria, transformando su relación con el otro en una "tiranía de caprichos".

- **Adoptan actitudes soberbias:** pueden actuar de manera soberbia, creyéndose que son especiales. Generalmente, detrás de una persona adulta soberbia hay un niño confundido y asustado.

El problema de estas personas es que parecen haberse quedado estancadas en una etapa infantil, donde sus padres, por exceso o falta de límites, toleraron y/o estimularon sus rabietas. Todo niño tiene sus momentos de mal humor y caprichos; pero, si es bien acompañado por sus padres y el medio que los rodea, aprenderá a dominar sus impulsos a fin de adaptarse a su entorno. *El problema de estas personas es que continúan actuando cual niños rabiosos que se ofenden o enojan fácilmente.* Por eso es importante establecer la siguiente distinción: una cosa es la persona que tiene cierta facilidad de enojo, pero consigue comunicarse adultamente y reconocer sus accesos de cólera. Otra bien distinta es el vampiro energético, que actúa como malcriado, repitiendo frecuentemente estas formas inadecuadas de niño caprichoso y rabioso con lo cual evidencia marcadas dificultades para hacerse responsable de su vida. Por ende, no cambia y termina buscándose otras personas que se hagan cargo de sus deseos insatisfechos.

El problema con las personas malcriadas es que, cuanto más se accede a sus caprichos, más demandantes y egoístas se vuelven. No colocarles límites equivale a alimentar su patrón disfuncional de conducta.

El parásito: otra clase de persona malcriada

El parásito es una subcategoría del malcriado. En uno de los tres significados de la palabra, la Real Academia Española lo define como *"Persona que vive a costa ajena".*

Un parásito es una persona que necesita adosarse a otro a fin de poder subsistir. Son las personas cuyo pecado capital es la pereza y la sostienen con resolución, sólo que la maquillan con diversos ardides a fin de poder sobrevivir. *Constituyen una subcategoría porque una persona en estado parásito es un malcriado que quiere que el mundo se ocupe de él.* Pero, en vez de declararlo y exigirlo con enojo y encono a los cuatro vientos, se relaja y adopta una posición de comodidad, ya que sabe que hay otro que se ocupará de él. Claro que no son tontos y se involucran con las personas que tolerarán y consentirán su conducta parásita sin colocarles los límites adecuados. Dentro de este perfil se encuentran las personas:

- **Vagas y perezosas:** el parásito no gusta esforzarse ni realizar trabajo que lo incomode. Está cómodo dependiendo de otras personas que le provean de sus necesidades básicas y psicológicas. Son los hijos eternos que siguen siendo mayores, pero no abandonan la casa de sus padres porque allí son atendidos como reyes. En síntesis, se posicionan como vividores a costa del trabajo de otras personas.

- **Cómodas en cuanto a su subsistencia económica:** un parásito busca depender de un adulto económicamente activo. Esa es la única vía que le permitirá llevar una vida con poco esfuerzo.

- **Manipuladores:** se las ingenian para mantener su estado de comodidad. Suelen retrasar el día en el que finalmente asumirán sus responsabilidades como trabajadores, padres, esposos/as, etc. Para ello, manipulan hábilmente a quienes los mantienen para que no se irriten y terminen retirándoles su apoyo.

- **Faltos de deseos por asumir su propio cuidado:** al estar instalados en la pereza, se niegan a hacerse responsables de su vida. Puede ser el hijo adulto con problemas emocionales marcados, que no trabaja pero a la vez no quiere hacer un tratamiento que lo ayude a mejorar. O el hermano mantenido que, a medida que pasan los meses, siempre tiene dificultades para encontrar un trabajo y ganar plata, por lo que su familia paga sus gastos.

Podemos encontrarlos en las diversas áreas de nuestra vida como el trabajo, la familia, la pareja o amigos. ¿Quién no ha oído a algún amigo o familiar relatar un caso de vínculo con un parásito malcriado?

¿Por qué necesitamos vincularnos con personas malcriadas y parásitas?

Este perfil de vampiros energéticos suele elegir en sus vínculos a personas que tolerarán y hasta consentirán sus maneras infantiles de comportarse. En un vínculo tóxico, estos adultos-niños pueden subsistir solamente con la cooperación y complacencia de otros adultos sobreprotectores. Una persona accede a relacionarse con un adulto malcriado cuando tiene una sed de afecto que no sabe satisfacer por sí mismo, por ello procura una persona infantil a quien consentir, ya que en su mente imagina que ello puede proporcionarle una satisfacción afectiva. El problema es que no observan de manera adulta que están pagando un costo muy alto por esa conducta inapropiada hacia ese perfil tóxico. También está la dificultad de establecer límites saludables al malcriado. Muchos adultos adolecen de la asertividad, una competencia social que nos ayuda a expresar lo que sentimos adecuadamente, colocando límites sanos a las demás personas. Por ello, si nos cuesta expresar nuestra molestia y poner límites, es bastante probable que nos vinculemos a personas malcriadas que hagan lo que se les da la gana, sabiendo que nosotros no reaccionaremos ni limitaremos sus conductas infantiles. Lo mismo sucede con aquellas personas vividoras, holgazanas, hijos eternos, padres irresponsables o empleados irresponsables; sólo pueden subsistir en un vínculo tóxico porque los otros lo toleran y no marcan firmemente los límites.

Un caso real

Daiana era una paciente empresaria que dirigía una peluquería en un barrio distinguido y su problema era que siempre terminaba contratando empleadas irresponsables y egoístas que no cumplían con lo que se esperaba de ellas. Tenía dificultades para expresar firmemente lo que esperaba de sus empleadas. Como ella no tenía claridad y sentía cierta necesidad de actuar como una "madre salvadora", pasaba por alto las primeras señales de conductas inadecuadas que comenzaban a emitir las mujeres que contrataba. Lo primero que hicimos fue elaborar un listado de las funciones y actitudes que Daiana quería en sus futuras empleadas. Luego, trabajamos la necesidad compulsiva de ella a tener lástima y a consentir al mundo que la rodeaba, ya que ello la llevaba a tolerar y estimular actitudes malcriadas en sus empleadas, lo cual era altamente negativo para su negocio.

Cómo lidiar con una persona malcriada

Cuando estas personas acuden a la consulta psicológica, suelen reproducir sus formas infantiles y sus deseos de ser el centro de atención. Los malcriados intentan convertir al terapeuta en su padre sustituto consentidor de sus caprichos. Son esos pacientes que suelen venir a destiempo, pagan cuando quieren, contestan de mala manera, se enojan cuando son confrontados adultamente, e intentan manipular al terapeuta buscando manejar la sesión a su antojo.

Lidiar con personas malcriadas implica asumir una actitud y posición adulta. Es imposible poner límites a un adulto-niño malcriado desde una posición indulgente y carente de seguridad. Este hecho es bien conocido por los padres de adolescentes cuando tienen que afrontar los intentos de sus hijos para rebelarse y hacer cosas que pueden dañarlos. He aquí algunas indicaciones que lo ayudarán a enfrentarse eficazmente con este perfil tóxico:

- ¿Siente culpa por poner límites?: la culpa es un sentimiento que suele aparecer en los vínculos tóxicos con los malcriados. Tolerar actitudes infantiles y caprichosas a lo largo del tiempo puede deberse a la culpa que siente la otra persona hacia el malcriado. Hay padres que se sienten culpables de ejercer su autoridad. Otros sienten que han estado ausentes, por lo que desean compensar a sus hijos consintiendo sus caprichos. Usted precisa observar de cerca su sentimiento de culpa en su vínculo tóxico; de otra forma, lo dominará por completo. Sea analítico y reflexione: ¿por qué siente culpa de expresar lo que siente hacia el malcriado?

• **Sea consciente de sus temores ocultos:** muchas veces participamos de vínculos con malcriados porque tenemos temores de los cuales no somos conscientes. Podemos temer al rechazo, al abandono o al enojo, por lo cual hacemos lo imposible para mantenerlos a nuestro lado, aun a costa de perjudicarnos. Por ese motivo, vuélvase consciente de aquello que teme; escriba sus miedos para poder verlos a la luz de su conciencia. Cuando adquirimos conocimiento de nuestros temores, estamos en posición de superarlos eficazmente. Los miedos que no vemos terminan controlándonos.

• **Capacítese para cambiar su vínculo tóxico:** cambiar el patrón de vínculo con personas malcriadas no es tarea sencilla, en particular si usted está acostumbrado a esa clase de relaciones tóxicas. Por ello acuda a un curso de asertividad, grupos de reflexión o terapia psicológica que lo ayuden a desarrollar las habilidades sociales que le permitan modificar este vínculo. La capacitación psico-emocional es indispensable para afrontar eficazmente a estas personas malcriadas.

• **Aprenda a decir "NO" firmemente:** ante las formas caprichosas y los berrinches, usted tiene el derecho de decir "NO". Tranquila, pero firmemente, diga "Voy a escucharte porque me parece importante lo que dices, pero NO desde ese tono y esa actitud caprichosos que estás teniendo conmigo". Sea firme en su resolución de comunicarse desde un lugar adulto y permitir poco de esas expresiones tóxicas de malcriado en el otro. Si insiste, puede abrir un canal de comunicación adulto más saludable para ambos.

G. El político

Existe un cuento judío relatado por el Dr. Abraham Twersky, un prominente rabino y psiquiatra muy reconocido en Estados Unidos. Nos habla acerca de nuestra falta de definición de identidad y los problemas que esto puede acarrearnos:

> *Un hombre judío vivía en la espléndida Varsovia de la primera mitad del siglo XX. Cada viernes acostumbraba a tomar su baño ritual para purificarse previo a la cena sabática. Pero esta persona tenía un problema grande. No sabía bien quién era en verdad. Su miedo más grande era concurrir a los baños públicos, donde tenía que desnudarse y bañarse junto a otros hombres que eran físicamente similares a él, ya que tenía miedo de perder su identidad entre tantas personas. Por lo que ideó un ardid para recordarse quién era: se ataría una cinta roja alrededor del dedo gordo de su pie, ya que así le sería difícil olvidarse de su propia identidad. Aquel viernes fue al baño público feliz y contento. Se encontraba bañándose cuando, de súbito, la cinta roja se desanudó de su dedo gordo. Enseguida se horrorizó y comenzó a preguntar, angustiado, a los hombres que estaban a su alrededor: "Disculpe que lo moleste... ¿usted podría decirme quién soy?".* (Twerski, 1998-2006; p. 152).

La falta de una identidad clara y de nuestros valores más importantes puede conducirnos a actuar en forma política, buscando siempre agradar a otros aun a costa de mantener una actitud falsa.

La Real Academia Española tiene diversos significados para la palabra "político". Tomaremos algunos de ellos:

1. Perteneciente o relativo a la doctrina política.
2. Cortés, urbano.
3. Cortés con frialdad y reserva, cuando se esperaba afecto.
4. Cortesía y buen modo de portarse.

Un vampiro energético adopta un rol político cuando su forma de vincularse con los demás es a través del engaño y la falsedad.

Es importante aclarar que este perfil no alude a la persona que se desempeña en la política, sino que hace referencia a una actitud y forma de vida, donde la persona funciona en base a diversas máscaras con las que busca agradar a su entorno, olvidándose de lo que realmente siente. Cuando no somos conscientes de nuestros valores y confiamos poco en nuestra verdad interna, podemos utilizar diversas máscaras que escondan nuestro verdadero yo ante los demás. El problema es que perdemos la noción de quiénes somos y hacia dónde vamos; nos volvemos serviles y sobreadaptados a los deseos del otro. El vampiro energético que actúa como político es una persona con una identidad poco clara y un afán de querer agradar aun cuando ello implique tener una actitud falsa con otros. El problema con ellos es que no son confiables: poco se puede compartir nuestras intimidades con ellos, porque pueden usarlas para intentar congraciarse con otras personas. El político suele mostrarse cortés y reservado. Aparentan un trato fácil y amistoso, con modales correctos, pero cuando menos lo esperamos nos enteramos de que hicieron algo dañino a nuestras espaldas. Suelen tener una actitud seductora y simpática, ya que buscan obtener nuestros favores y también los de otros. Generalmente no suelen confrontar ni expresar sus opiniones de manera abierta y honesta; ello les impediría lograr sus propósitos. En ese sentido, son trepadores y procurarán lograr sus metas personales sin importar si pierden amistades en el camino. Al utilizar tantas máscaras, el político pierde la noción de su verdadero yo. Considera ilusoriamente que, recién cuando obtenga lo que busca (poder, éxito, dinero, sexo, status), se sentirá completo, por lo que mientras tanto sostiene una actitud falsa. *Estas personas son especialistas en hacer correr rumores acerca de otros.* El problema con ellos es que son como una cáscara vacía: más allá de su apariencia, hay poco y nada. Están vaciados de valores, por ello les resulta muy difícil sostener un vínculo de amistad verdadero. Mientras que la víctima, el exigente demandante o el agresivo pueden llegar a intimar, aun cuando eso traiga sus problemas, al político le resultará casi imposible, ya que mantiene una coraza de frialdad que le impide conectarse afectivamente con otros de manera profunda. En lo íntimo de su ser persiste una enorme inseguridad: no sabe quién es realmente ni qué lo moviliza afectivamente, está tan intoxicado en sus máscaras y deseo de querer ser reconocido que se pierde de contactar con sus valores y deseos; para tapar su vacío existencial apela a la falsedad.

¿Usted está vinculado con personas que funcionan políticamente la mayor parte del tiempo?

Nos involucramos con las personas políticas cuando estamos ausentes de nosotros mismos y faltos de conexión con nuestros valores y sueños. Es muy fácil juntarse y vincularse con personas políticas cuando renunciamos a mirar en nuestro interior y seguir nuestra verdad. *La falta de fidelidad a nuestros valores y sueños nacidos del corazón nos puede llevar a relacionarnos con esta clase de vampiros energéticos.* El deseo de indagar en aquello que nos incomoda y desear cambiarlo es la mejor prevención contra los vínculos tóxicos con los políticos. Un vínculo tóxico de este tipo se sostiene cuando no queremos profundizar en nuestra persona y preferimos mantenernos en la superficialidad.

Otro factor que predispone a vincularnos tóxicamente con los políticos es nuestra ansia de poder desmedido. Cuando buscamos lograr nuestros fines sin importar el costo, puede resultarnos conveniente relacionarnos con este tipo de personas. El problema es que convertimos eso en una costumbre y terminamos rodeándonos de personas de ese perfil tóxico. También puede sucedernos que, al relacionarnos con esas personas, comenzamos a imitar sus maneras y actitudes tóxicas, por lo que nos volvemos fríos, falsos y calculadores. Desde esa perspectiva, es difícil que podamos generar vínculos profundos, amorosos y gratificantes. ¿Usted tiende a actuar como persona política? ¿Cuáles son las máscaras que utiliza para esconder lo que piensa y siente de verdad?

Cómo lidiar con un político

Es muy difícil que esta clase de personas acuda a una consulta psicológica, ya que pasan la mayor parte de sus vidas desconectados de sus deseos y valores. Al estar ausentes de su propio ser, no registran sensaciones subjetivas de malestar emocional, por lo que no sienten que precisan de alguna ayuda psicológica. Para no vincularnos con personas políticas cuya falsedad puede intoxicarnos tremendamente, debemos desarrollar una forma de vida fiel a nuestras convicciones, valores y deseos. Las siguientes indicaciones pueden a ayudarlo a lidiar hábilmente con el político interno que hay en usted, que puede conducirlo a vincularse con los políticos externos:

- **Sea fiel a sus valores:** cuanta mayor conciencia tengamos acerca de lo que valoramos realmente en nuestra vida, más difícil será vincularnos con esta clase de vampiros energéticos. Sea consciente de sus valores más importantes. Cultive proyectos personales que contengan estos valores que usted tanto aprecia.

- **Desarrolle una comunicación clara y honesta:** está bien actuar de manera política a veces. Pero hacerlo todo el tiempo puede resultar intoxicante. Practique expresar lo que siente y piensa verdaderamente con sus seres queridos. Cuanto mayor sea su nivel de comunicación emocional, más difícil resultará que usted se vincule de manera falsa.

- **Cultive amistades del corazón:** los amigos constituyen uno de los bienes más preciados y valiosos. Una relación con un amigo nos ayuda a aflojar nuestras máscaras, porque nos estimula a confiar, compartir y abrirnos. Cuanto más profunda se vuelva la relación, menos necesidad tendremos de ocultarnos bajo actitudes falsas. Por ende, no precisamos ocultarnos de manera crónica y compulsiva bajo el disfraz político. Comience a mirar a su alrededor. ¿Aprecia a sus amigos? ¿Tiene vínculos que lo ayudan a ser usted mismo sin máscaras?

Es importante comprender que no existe un tipo puro de vampiro energético. Las personas pueden oscilar entre estas diversas clases de perfiles tóxicos. Una persona puede desempeñar simultáneamente el rol de agresivo y malcriado, o seductor y político.

Capítulo 8

Cómo reconocer nuestra intoxicación

"La acumulación acaba por
llenar el cubo de basura".
Proverbio africano

Gabriel es un hombre de 45 años, casado con Silvia desde
hace 15. Ambos tienen 3 hijos. Gabriel quiere mucho a
su familia y se preocupa por su bienestar. Junto a Silvia, se
hacen tiempo para escuchar lo que precisan sus hijos y char-
lar con ellos. El problema es que desde hace meses Gabriel
está sufriendo diversas exigencias de su trabajo que aumen-
taron considerablemente su nivel de estrés y ansiedad. Su
jefe es una persona muy exigente, con enormes dificultades
para relajarse y distraerse, de modo que traslada sus pre-
ocupaciones en Gabriel, quien siempre presentó dificultades
para marcar límites a otros. El problema es que Gabriel tiene
un sobrepeso de 20 kilos, no practica deporte y se alimenta
con muchas frituras. Tanto él como Silvia viven en la ciudad y
pocas veces salen a pasear a algún espacio natural con verde
y otra calidad de aire. Lo único que hace para distraerse es
mirar televisión durante horas. Además, como está nervioso,
fuma sin parar un paquete diario de cigarrillos. Gabriel no

*se siente optimista respecto de su futuro laboral, cree que
no está bien preparado para buscar otros trabajos y ello le
produce la sensación de estar "atrapado sin salida", lo cual
lo angustia mucho. Últimamente comenzó a tener dolores
en el pecho que lo preocuparon seriamente y lo llevaron a
consultar a diversos especialistas.*

Mantener un vínculo tóxico a lo largo del tiempo no es una mera
casualidad. Una persona común no elige visitar un restaurante para
ingerir alimentos en estado tóxico. Existe una predisposición previa
en la persona que lo lleva a volverse más proclive a desarrollar y
mantener vínculos tóxicos con vampiros energéticos. Este factor se
llama "intoxicación" y es definido como el estado que se produce
por la ingestión o inhalación de sustancias tóxicas. La intoxicación
puede deberse a que hemos ingerido algún medicamento, droga
o alimento en mal estado. La gravedad de los síntomas que ma-
nifestemos dependerá de nuestro nivel de intoxicación. Así como
existe una intoxicación producida por la ingesta de sustancias tóxicas, existe otra menos reconocida por los manuales de urgencias
médicas, que es la ocasionada por diversos factores que venimos
sosteniendo en nuestra vida de carácter emocional, mental y vincular. Cuando una persona no cuida sus hábitos de salud, se alimenta de manera inadecuada, se encuentra rumiando ideas que
lo angustian, su cuerpo está tenso y falto de vitalidad y no sale de
su espacio habitual de vida, tiene grandes posibilidades de estar
intoxicado y ello la predispone a atraer vampiros energéticos a su
vida. Puesto que solemos atraer lo similar a nosotros, la toxina que
estamos cultivando en nuestra vida genera un caldo de cultivo que
invita a otras personas intóxicadas a relacionarse con nosotros. Los
vínculos tóxicos se forman con personas que se cuidan poco a sí
mismas en todos los aspectos y, por esa razón, pueden permanecer en el tiempo intercambiando toxón, aun cuando eso los dañe
significativamente.

Si no somos cuidadosos con nuestra persona y nuestro entorno,
resulta fácil entrar en estados emocionales negativos que luego nos
conducen a tener vínculos tóxicos. La Cábala, la rama mística del
Antiguo Testamento, tiene un concepto muy interesante llamado
cli, el cual es definido en hebreo como "recipiente". La Cábala ex-

plica que todos somos recipientes o vasijas y es vital que prepa-
remos nuestro *cli* para que podamos tener una vida de plenitud
y gratificaciones. Todo lo inherente a nuestra persona constituye
nuestro *cli*, lo cual engloba nuestras emociones, ideas, pensamientos, nivel de energía, el cuerpo y su estado de salud. Podemos rezar
a Dios, el universo o la vida, pidiendo diversas bendiciones de amor,
trabajo, amistades y pareja, pero puede suceder que nuestro *cli* no
esté preparado para ello. Muchas veces, sin darnos cuenta este *cli* o
recipiente que somos nosotros, está lleno de suciedad e impurezas
que nos impiden vivir alegres, satisfechos y motivados. Es el equivalente a vivir constipados sin poder evacuar en el baño. Nuestro
intestino está lleno de materia fecal que, al no ser descargada, puede conducirnos a diversos padecimientos graves de salud. Lo mismo
nos pasa con nuestra persona: cuando nuestro *cli* está tan cubier-
to de toxinas, no discriminamos adecuadamente la toxina externa.
Nuestro mecanismo de discernimiento se vuelve pobre y limitado,
y es allí donde nos volvemos un blanco accesible para los vínculos
tóxicos. Nuestro *cli* puede estar atiborrado de múltiples agentes
tóxicos. Parte de nuestra tarea es dedicarnos a cuidar y mantener
limpio este *cli,* ya que de otra manera nos sentimos intoxicados. Las
personas que mantienen vínculos tóxicos suelen ser poco cuidadosas con el recipiente que constituye su propia persona-cuerpo.

Es fundamental volverse consciente de aquellos agentes tóxicos
en nuestra vida. Cuanto más atentos estamos a ellos, dejaremos
pasar menos toxina externa en nuestra vida. He aquí una lista de
factores que pueden estar generándole un estado de intoxicación
general que lo vuelve un *target* apetecible para los vampiros energéticos. Examine atentamente cada uno de ellos:

- **Hábitos de salud negativos:** la falta de práctica asidua de deporte, así como una alimentación poco balanceada, puede ocasionar
complicaciones de salud. Cuando no practicamos actividad física,
nuestro cuerpo junta toxinas y nos falta mejor irrigación sanguí-
nea. Podemos acumular grasa, tensiones y contracturas, y ello nos
conduce a un gradual deterioro del cuerpo. Lo mismo nos sucede
con la alimentación. Cuando comemos frituras, grasas en exceso y
no balanceamos con otros alimentos ricos en nutrientes esenciales

para el cuerpo, comenzamos a sentirnos cansados, faltos de vitalidad, y nuestra piel se vuelve fea. Esto comienza a constituir un estado de intoxicación. Si usted es descuidado y desconsiderado para su propia salud y vida, está emitiendo un mensaje muy fuerte que atrae personas tóxicas a su alrededor. Sólo recuerde que todo comienza en el hogar y nuestro cuerpo es esto justamente. Si tratamos mal a nuestro cuerpo, ¿por qué no aparecerán otras personas que lo traten mal a usted?

- **Estrés urbano y falta de contacto con la naturaleza:** toda ciudad tiene sus encantos propios de la urbe. Usted puede ir a cines, teatros y toda una variedad de espectáculos recreativos que en un pueblo quizás no haya. Sin embargo, si usted vive en la ciudad, sabrá que permanecer únicamente allí sin el contacto frecuente con la naturaleza puede ocasionarle altos niveles de estrés y agotamiento mental que inciden en su nivel de salud global. En la ciudad estamos expuestos al smog, la contaminación ambiental y auditiva, y las tensiones propias de las personas que deben correr a un ritmo acelerado. Todos sabemos que cuando nos vamos de vacaciones a un hermoso lugar natural solemos regresar renovados y energizados, ya que hemos detenido el ritmo habitual. Pero sucede que, para el común de las personas, se tienen vacaciones una vez al año. Si usted no visita de manera periódica algún espacio natural que le permita "cambiar de canal", es probable que esté sufriendo un proceso gradual de intoxicación con el estrés urbano. Cuando no cuidamos de renovarnos mental y energéticamente, resulta más fácil acostumbrarnos a lo tóxico habitual y ello incluye situaciones y vínculos tóxicos.

- **Pensamientos negativos:** las personas que sostienen vínculos tóxicos suelen estar intoxicadas con pensamientos y creencias negativas acerca de sí mismas. Pueden ser del tipo: "No soy capaz de sentirme bien", "No soy bueno para nada", "Tal persona sabe más y yo no sé nada", etc. Estas y otras creencias similares tienen un impacto negativo, ya que nos quitan poder y confianza en nuestras capacidades como personas. Usted puede tener una baja autoestima cuando está lleno de estas creencias limitantes que lo mantienen en un estado de intoxicación mental. Cuando no cuidamos la calidad de nuestros pensamientos, es fácil caer en los vínculos con vampiros energéticos. ¿Usted es consciente de los pensamientos y creencias negativas que tiene acerca de usted mismo y los demás? ¿Cómo afectan su forma de relacionarse?

* **Culpa tóxica vs. Culpa saludable:** existe una culpa saludable y aconsejable que nos lleva a reconocer los errores que hemos cometido, para luego cambiarlos adultamente. Ésta es la culpa de la cual habla el prestigioso escritor argentino Marcos Aguinis en su libro *Elogio de la culpa,* que puede ayudar a una nación a encaminarse hacia mayores niveles de justicia y equidad. Sin embargo, está la culpa tóxica que nos mantiene atados a los vínculos tóxicos. Esta clase de culpa es la que podemos sentir por un vampiro energético, lo cual nos impide cortar la relación que tanto mal nos hace. Usted puede estar dominado por la culpa tóxica sin darse cuenta, y ello lo estanca en un vínculo donde se siente maniatado y amordazado para comunicar lo que siente y piensa. Recuerde que los vínculos tóxicos se caracterizan por la falta de comunicación clara y adulta. En los vínculos tóxicos que ha tenido, ¿sintió alguna clase de culpa tóxica? ¿Qué efectos le generó?

* **Deudas pendientes:** en mi libro anterior, *Descubriendo El Secreto: Transforma tus sueños en realidad,* explico que las deudas pendientes son aquellas situaciones inconclusas que no hemos cerrado adecuadamente a lo largo de nuestra existencia y que seguimos cargando dentro de nosotros. Quizás usted tiene un "equipaje" con recuerdos de anteriores vínculos con otras personas con las que tuvo fuertes disgustos, enojos y malestares sin expresar, lo cual le impidió dar un cierre adecuado. Hay personas que están intoxicadas con los recuerdos de los vínculos insatisfactorios y frustrantes que tuvieron en sus vidas. Usted puede haber mantenido relaciones de pareja que siempre terminaron de mala forma, amigos que lo decepcionaron o socios comerciales que lo estafaron. En todos estos casos, pudo no haber expresado lo que sentía y pensaba, por lo que le quedaron situaciones sin resolver dentro de su psiquis. *Arrastrar situaciones inconclusas en nuestra vida genera un imán que atrae lo similar.* Esto significa que las situaciones de pareja o amistad mal resueltas y aclaradas pueden convocar vín-

culos tóxicos similares en el futuro cercano. ¿Usted es consciente de las deudas pendientes o situaciones inconclusas que viene cargando? ¿Cómo cree que le afectan en su capacidad de relacionarse con los demás?

- **Falta de inteligencia intrapersonal:** la falta de conciencia de nuestros propios temores, virtudes y necesidades emocionales sin satisfacer, es la que nos lleva a entablar vínculos tóxicos. Howard Gardner, reconocido investigador de la universidad de Harvard, fue quien acuñó el concepto "inteligencias múltiples". Explica que la inteligencia intrapersonal es aquella que nos permite apreciar nuestras fortalezas y reconocer nuestros errores para aprender de ellos. El famoso psicólogo norteamericano Daniel Goleman la denomina "inteligencia emocional", afirmando que es la que nos permite manejar adecuadamente nuestras emociones para poder lograr vínculos satisfactorios y enriquecedores. Cuando no trabajamos ni desarrollamos esta inteligencia, estamos abonando el terreno para que crezcan los vínculos tóxicos en nuestra vida. Muchas personas que desean finalizar de verdad sus vínculos tóxicos asisten a terapia psicológica para desarrollar esta inteligencia. De otra forma, siguen encerradas en sus patrones de pensamiento y conducta tóxicas que las llevan a vincularse con vampiros energéticos. ¿Usted entrena y trabaja su inteligencia intrapersonal? ¿Cómo lo hace? ¿Qué resultados le produce en sus vínculos diarios?

- **Acostumbramiento a vínculos tóxicos familiares:** existe un refrán muy popular que dice "La plata atrae más plata". De la misma forma, los vínculos tóxicos familiares que venimos teniendo desde hace años en nuestra vida convocan a más vampiros energéticos. Usted puede estar intoxicado vincularmente debido a que mantiene relaciones familiares que no lo satisfacen y le generan malestar. Al no hacer nada al respecto para modificar esa situación incómoda, puede estar intoxicado con ello. Quizás sus padres son quejosos y descalificadores, sus hermanos lo critican permanentemente, puede ser que sus primos se muestran crueles y manipuladores… pero usted no hace nada al respecto. Mientras tanto, los años pasan y siguen reuniéndose a cenar y festejar como si todo fuese normal y saludable para usted. ¿Acaso lo es realmente? Cuando nos acostumbramos desde pequeños a relacionarnos tóxicamente, no resulta raro que reproduzcamos ese mismo patrón vincular en nuestra adultez. ¿Usted es consciente de los vínculos tóxicos que arrastra en su familia? ¿Qué consecuencias le traen a su vida actual?

Usted puede estar intoxicado y ser poco consciente de ello. Quizás no reconozca estos factores que lo perjudican porque considera que ellos forman parte de su vida diaria. Lamento decirle que está equivocado; cuanto menos consciente sea al respecto, está cimentando las bases para tener una vida pobre y limitada. *A menor conciencia de su propio nivel de intoxicación general, usted tendrá mayores posibilidades de desarrollar vínculos tóxicos.*

Cada uno de nosotros es similar a un jardín: si queremos que florezcan árboles, plantas, frutos y bellas flores con aromas especiales, debemos preparar el terreno. Es difícil que crezca lo que deseamos si la tierra es poco apta y está llena de malezas. Un buen jardinero se dedica, en primer lugar, a preparar el terreno, quitando los yuyos que no sirven. Recién entonces planta las semillas de lo que desea. Acto seguido las riega continuamente con agua para que se nutran y den a luz a lo que tienen guardado. Nuestro *cli* es nuestro ser-cuerpo, que es similar a un jardín. Parte esencial de nuestra tarea en la vida es dedicarnos a cuidar y mantener limpio este *cli*. Las personas que mantienen vínculos tóxicos suelen ser poco cuidadosas con su *cli*, por ende su jardín está lleno de yuyos o malezas que lo intoxican y le impiden disfrutar de una vida plena y floreciente. ¿Usted está dispuesto a reconocer y limpiar su jardín personal de los agentes tóxicos que hay en su vida?

Capítulo 9

Cómo revertir la intoxicación

"La más larga caminata
comienza con un paso".
Proverbio Hindú

Para generar cambios positivos en nuestra persona precisamos detectar y reconocer aquello que no funciona adecuadamente. No podemos cambiar lo que no vemos. Para desintoxicarnos de nuestra parte vampírica, primero necesitamos observar aquellos factores internos y externos que gravitan en nuestra vida y nos conducen a una vida tóxica. Es importante comprender que, cuanto más toxina acumulamos en nuestro ser, por ley de atracción negativa tendemos a atraer relaciones tóxicas a nuestra vida. Luego de efectuar un reconocimiento de nuestro grado actual de intoxicación, estamos en condiciones de dar los primeros pasos en pos de revertir nuestra intoxicación. Cuanto menor sea la toxina interna en su *cli*, usted tolerará menos la toxina de otras situaciones desagradables y vampiros energéticos. Por ende, tendrá menor propensión a involucrarse en los vínculos tóxicos; simplemente no permitirá que crezcan en su vida. En el capítulo anterior describimos los agentes tóxicos que usted puede estar sosteniendo en su vida y lo incapacitan para finalizar con los vínculos tóxicos. Ahora exploraremos los recursos y estrategias para afrontar estos vínculos tóxicos y poder darles un corte. Usted se merece una vida llena de energía y vitalidad. ¿Tiene sentido seguir arrastrando el peso muerto de un vínculo tóxico sobre sus espaldas? ¿Imagina el bienestar que sentiría si estuviese libre de sus vínculos tóxicos?

Cómo generar vitalidad en su vida

Existen estrategias para cortar vínculos tóxicos, pero antes es primordial trabajar sobre su propio nivel de energía, salud y bienestar. Muchas veces nos aferramos a los vampiros energéticos porque no asumimos la responsabilidad de buscar activamente realizar actividades que nos den placer y alegría. De esa forma, permanecemos amargados, cansados y desmotivados, lo cual nos lleva a aferrarnos a ese vínculo tóxico, en la creencia distorsionada de que, si bien nos produce malestar, por lo menos es algo conocido. En este capítulo abordaremos la tarea necesaria que usted se ponga en marcha hacia su propio bienestar y placer, ya que solamente desde ese espacio de poder es posible sentirse seguro y confiado para ser capaces de cortar los vínculos tóxicos que nos enturbian la vida.

Para realizar esto nos valdremos de una herramienta muy poderosa del Coaching Transaccional llamada "endorfigrama", que utilizo en los seminarios de liderazgo transformacional. Se trata de una adaptación del diagrama de áreas y roles diseñado por el Dr. Kertész, introductor del Análisis Transaccional en la Argentina. El endorfigrama es una herramienta que nos permite observar con claridad las áreas de nuestra vida que precisamos activar a fin de sentirnos más potentes, energéticos y seguros. El endorfigrama contiene 8 áreas que son muy importantes y relevantes en nuestra vida. Se denomina "endorfigrama" debido a que, al efectuar cambios positivos en alguna de sus áreas, nuestro organismo genera mayor secreción de endorfinas en sangre, lo cual aumenta considerablemente nuestros niveles de placer, alegría y bienestar, tanto a nivel emocional como físico. Por ello, cuando comenzamos a generar pequeños cambios en alguna de estas 8 áreas estamos cambiando la química de nuestro organismo, predisponiéndonos a sentir más energía y vitalidad. Si usted desea avanzar en su vida, a la vez que finaliza con aquellos vínculos tóxicos que succionan su energía, es importante que aprenda a ponerse metas. El propósito es encauzar su vida para aumentar sus niveles de vitalidad, bienestar y salud. Para ello lo invito a observar detenidamente este diagrama:

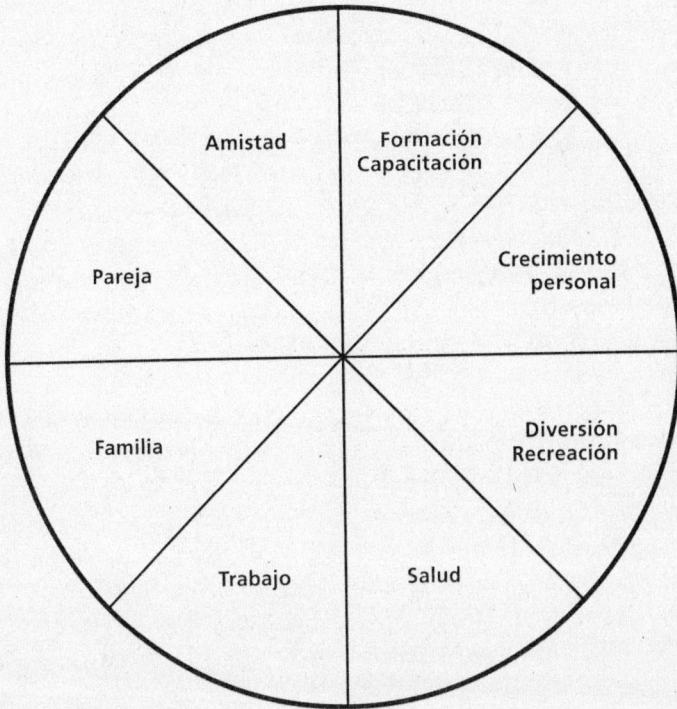

Una persona vibrante, potente y alegre, suele dar pasos marcados en varias de estas áreas, ya que entiende que sentirse bien consigo misma no es sólo una expresión de deseo, sino que conlleva a dar pasos concretos y tangibles. Cuando estamos siendo miserables con nosotros mismos, no nos permitimos avanzar en las áreas del endorfigrama. Parecería que estamos anclados, y además podemos llegar a culpar al otro, al vampiro energético, de nuestra dejadez. Si bien un vínculo tóxico genera estancamiento, es usted quien decide si desea moverse hacia sus metas; no el otro.

Estas son las 8 áreas que componen el endorfigrama y su explicación:

1. **Área Salud:** *son nuestros hábitos de salud, tales como actividad física, deporte, baile y alimentación. Son esenciales para una vida energética y de bienestar. ¿Cuál es su estado de salud actual? ¿Cómo desea aumentarla?*

2. **Área Pareja:** *nuestra capacidad de establecer una relación de pareja adulta, gratificante y nutritiva. Abrirse al amor de pareja, nutre el alma-cuerpo y mente. ¿Cuál es su situación actual de pareja? ¿Cómo desearía que funcionase ese vínculo?*

3. **Área Familia:** *nuestra capacidad de generar lazos profundos, sinceros y adultos con los familiares. Los conflictos en esta área son los causantes del 85% del total de las enfermedades existentes. ¿Cuál es su situación actual familiar? ¿Cómo le gustaría relacionarse con sus seres queridos?*

4. **Área Trabajo:** *nuestra capacidad de trabajar en lo que nos gusta, crear proyectos laborales y ganar el dinero que deseamos y precisamos. Imagínese el placer y motivación que sentiría si desarrollase lo que le gusta y además le pagaran por ello. ¿Cómo es su situación laboral actual? ¿Qué trabajo le gustaría desarrollar a fin de sentirse contento y bien pago?*

5. **Área Diversión/Recreación:** *nuestra capacidad para generarnos espacios de diversión, recreación, hobbies, arte y todo aquello que nos enriquezca como persona. Cuanto mayor placer y diversión generamos, más difícil resulta permanecer en un vínculo que nos aburra y produzca malestar. ¿Cómo es su situación actual en cuanto a su recreación? ¿Cuáles son las actividades que le gustaría realizar a fin de sentirse más alegre, relajado y motivado?*

6. **Área Capacitación/Formación:** *nuestra formación en conocimientos, sea de nuestra profesión o informalmente a través de cursos, lectura de libros, etc. Cuanto más nos capacitamos, mayor es la información que disponemos para dirigirnos hacia lo que deseamos, lo cual aumenta nuestras posibilidades de*

lograr resultados positivos. ¿Usted emplea tiempo actualmente para capacitarse? ¿Qué conocimientos está precisando cultivar para sentirse más seguro de usted mismo?

7. **Área Amistad:** *nuestra capacidad de generar lazos afectivos y profundos con los amigos. El poder abrirnos al amor sanador de la amistad. Los buenos amigos pueden ayudarnos a salir de los vínculos tóxicos. ¿Cómo son sus vínculos de amistad actuales? ¿Qué clase de amigos desea desarrollar en su vida a fin de sentirse más apoyado y contenido?*

8. **Área Crecimiento Personal:** *nuestro desarrollo como persona en el área espiritual, mental y emocional, sea a través de terapia, cursos o alguna actividad de crecimiento que involucre la acción del dar. Esta área es esencial para incrementar nuestra inteligencia emocional, nuestro valor más importante a fin de salirnos de los vínculos tóxicos. ¿Usted invierte tiempo actualmente a fin de crecer como persona? ¿Cómo desea incrementar esta área en su vida?*

Es importante que entienda que un pequeño paso puede marcar una diferencia psico-energética muy fuerte en usted. Cuando desarrollamos un plan de acción para encaminarnos a mejorar varias de estas áreas del endorfigrama, podemos elevar notablemente nuestros niveles de salud y energía. Para ello le propongo que responda las preguntas del siguiente ejercicio:

a. *¿Qué áreas del endorfigrama desea seleccionar a fin de generar cambios que lo hagan sentirse más vital, contento y satisfecho en su vida? Elija 3 áreas.*

b. *Escriba un cambio concreto que desea llevar a cabo en cada área elegida. Procure que sea una acción concreta que usted pueda llevar a cabo. No hace falta que sea una gran acción. Limítese a algo pequeño.*

c. *Establezca un plazo de tiempo para llevar a cabo estas tres acciones.*

El proceso para revertir la desintoxicación que venimos arrastrando es gradual. No se modifica de la noche a la mañana, ni tampoco es aconsejable que sea repentino. Pero encaminarnos hacia cambios concretos en alguna de las áreas del endorfigrama aumenta nuestros niveles de alegría, seguridad y confianza. Si usted está queriendo finalizar con algún vínculo tóxico en su vida, pero no sabe cómo hacerlo, es momento de juntar fuerzas y cuidar de su salud. Los cambios se vuelven más duraderos y profundos cuando comienzan de adentro hacia fuera. *Tendemos a permanecer en vínculos con vampiros energéticos cuando nos acostumbramos al estancamiento.* Ser mezquinos con nuestra propia vida implica darnos pocas satisfacciones y gratificaciones. Es claro que, desde esa posición de miserabilidad, no estamos en condiciones de discernir qué es bueno o malo para nosotros. Es entonces cuando los vampiros energéticos aparecen con facilidad.

¿Usted quiere probar algo diferente? Comience a darse más placer, bienestar y alegría a través de acciones concretas. Utilice el endorfigrama para generar cambios en su vida. Desde este lugar estará en óptimas condiciones para dar el siguiente y último paso.

Capítulo 10

Cómo enfrentarnos eficazmente con los vínculos tóxicos

*"En el corazón de todos los inviernos
vive una primavera palpitante,
y detrás de cada noche,
viene una aurora sonriente".*
Khalil Gibrán

Los vínculos tóxicos no son una maldición que debemos padecer y cargar como una pesada cruz. Más bien son una oportunidad de transformar nuestra vida, aumentando nuestro nivel de conciencia y habilidades psico-emocionales. Un vampiro energético es un reflejo de cómo nos tratamos a nosotros mismos. No por casualidad usted pudo haber estado en un vínculo tóxico. *Resulta más fácil pelearnos con el espejo que observar lo que debemos cambiar en nuestra persona y asumir la responsabilidad de hacerlo.*

Recreando el mito inicial de Aquiles, podemos aprender a desarrollar el "héroe interior" con las herramientas y recursos que nos permitan afrontar con poder y coraje a los vampiros energéticos que nos rodean. Para ello también precisamos trabajar aquel "talón de Aquiles" que nos vuelve proclives a involucrarnos en los vínculos tóxicos. Las siguientes estrategias contienen aportes variados de la psicología, maestros orientales y la Cábala, que pueden ayudarlo a dar un cierre a esos vínculos que lo enferman. Tenga en cuenta que para que sean efectivos deben practicarse en forma sistemática, muchas veces bajo la guía de un psicoterapeuta capacitado:

1. ¿Está decidido realmente a finalizar con ese vínculo tóxico?

Solo usted puede decidir si llegó el momento de cortar con aquel vínculo tóxico que lo está dañando. Sin esta decisión interna, usted seguirá permaneciendo bajo el influjo tóxico del vampiro energético. Dedique un tiempo a reflexionar acerca de los motivos y ventajas por los cuales desea terminar con esa relación que lo está perjudicando. Pruebe realizar un listado de los beneficios personales que disfrutará si no estuviese involucrado en determinado vínculo tóxico. Cuanta mayor conciencia obtenga de lo beneficioso que le será vivir sin esa relación negativa, mayor será su motivación para decidirse a finalizar con ese vínculo tóxico.

2. ¿Cuál es su "talón de Aquiles"?

Una de las razones por las cuales permanecemos por largos periodos en un vínculo tóxico es debido a nuestro desconocimiento consciente de nuestras debilidades psicológicas. ¿Usted es consciente de su "talón de Aquiles"? Cuando no reconocemos nuestras debilidades y dificultades, buscamos aferrarnos al vampiro energético con la ilusión de que nos cuide. Simultáneamente, el vampiro se aprovecha de nuestro "talón de Aquiles" para mantenernos dependientes. Es un circuito cerrado vincular que termina succionándonos la energía. *Empiece por mirar hacia dentro y reconocer abiertamente sus puntos débiles.* ¿Usted tiene dificultades para poner límites? ¿A su autoestima la siente baja? ¿Se siente solo y teme al abandono? ¿Tiene miedo al enojo del otro? Reconocer nuestras dificultades nos hace fuertes y maduros. Cuando nos animamos a aceptar conscientemente nuestro "talón de Aquiles", estamos en inmejorables condiciones para pedir ayuda adecuada y superarlo.

3. Practique una limpieza emocional de su ser

Cuando acumulamos toxina resulta vital llevar a cabo una limpieza semanal de nuestro *cli*, a fin de sentirnos potentes y vibrantes.

Las terapias de expresión emocional son muy efectivas para ayudarnos a soltar aquellas emociones que reprimimos durante años. Desde este espacio interno, a usted le resultará más fácil cortar con sus vínculos tóxicos. Existen varias corrientes psicológicas potentes para efectuar una limpieza psico-energética de nuestro ser. A continuación describiré dos de ellas que, a mi juicio y experiencia profesional, me demostraron ser efectivas y poderosas para ayudar a mis pacientes a enfrentarse con sus vínculos tóxicos:

• **Terapia Bioenergética de Alexander Lowen:** esta corriente psicológica contiene ejercicios diseñados con el propósito de liberar las emociones que acumulamos en nuestro cuerpo durante años y que nos restan vitalidad. La terapia bioenergética es muy valiosa en cuanto a ayudarnos a contactar y expresar emociones como la tristeza, la rabia, el miedo, la alegría o afecto. Es probable que nuestro cuerpo esté atascado en la expresión de alguna de estas cinco emociones, lo cual puede generarnos síntomas psicosomáticos y una marcada predisposición a relacionarnos con vampiros energéticos.

• **Terapia Gestáltica:** su creador, Fritz Perls, ideó los principios de una poderosa forma de vida que puede ayudarlo a conectarse con el "aquí-ahora", la única instancia donde podemos aprender a sentirnos presentes y enteros. El objetivo principal de la Terapia Gestáltica es lograr que las personas quiten sus máscaras frente a los demás, y para conseguirlo precisan arriesgarse a compartir sobre sí mismos. Se pretende que los participantes tomen conciencia de su cuerpo y de cada uno de sus sentidos. Los ejercicios apuntan a la expresión emocional auténtica de la persona y lo que está vivenciando en el aquí-ahora en vez de fugarse con racionalizaciones que no lo llevan a nada.

4. Potencie su campo energético

Los vínculos tóxicos son posibles cuando nuestro nivel de energía es bajo debido a la toxina que acumulamos a diario. Es fundamental que usted jerarquice su salud energética, lo cual significa comprometerse a realizar frecuentemente actividades que lo energicen.

Existen diversos métodos para ayudarnos a centrarnos, eliminar el estrés diario tóxico, activar nuestro poder personal y potenciar nuestro nivel energético:

- **Las Meditaciones activas:** Osho fue un maestro iluminado de la India mundialmente conocido por sus conferencias, libros y la creación de 200 meditaciones, las cuales permiten que una persona pueda acceder a estados de conciencia de éxtasis, energía, serenidad y armonía. Sus meditaciones son ampliamente practicadas en todo el mundo y se caracterizan por ser activas; es decir, incorporan el movimiento y expresión emocional como limpieza, para luego acceder a un estado profundo y natural de silencio, que es la esencia de la meditación. Usted puede incorporar a su vida estas herramientas extraordinarias y efectivas bajo la guía de un facilitador capacitado. Pueden resultarle de gran ayuda para lidiar con el estrés ocasionado por los vínculos tóxicos.

- **Ejercicios de energización consciente en la naturaleza:** la naturaleza es la fuente energética más poderosa y revitalizante que tenemos a nuestro alcance. Cuando estamos intoxicados de vínculos, pensamientos y emociones tóxicas, es bueno hacer un parate y visitar un espacio natural que nos permita cambiar de sintonía. Tomar contacto frecuente con la naturaleza nos ayuda a cargar nuestras baterías. Existe una forma de energizarnos conscientemente y ello consiste en admirar y apreciar la belleza del entorno mientras respiramos profundamente. Experimente esto cuando esté frente a un paisaje natural que admira. Simplemente respire profundamente y observe la belleza que lo rodea. Aproveche para agradecer a la existencia por el espectáculo. Verá que se sentirá con mayores niveles de armonía, lucidez, relajación y bienestar.

- **Actividades placenteras:** hacer lo que nos gusta en forma periódica es un factor revitalizante que potencia nuestra energía. ¿Usted es consciente de lo que le gusta hacer y le hace bien? ¿Lo practica asiduamente? Haga un listado de 10 actividades que le causan placer y comprométase a practicar dos de ellas durante las próximas dos semanas.

5. Desarrolle el NO energético

¿Cuáles son las actitudes y conductas tóxicas que usted NO desea tolerar más en su vida? Ser claro en aquello inadecuado y dañino que NO queremos más para nuestra vida, es un paso importante y necesario. Puesto que los vínculos tóxicos requieren la participación de dos o más personas que practican juegos tóxicos, ser consciente de las actitudes y conductas que nos perjudican puede ayudarnos a tomar una decisión vital para nuestra vida. Para ello comience ahora mismo escribiendo en un papel un listado de actitudes y conductas tóxicas que usted NO está dispuesto a promover, tolerar y alimentar en sus vínculos.

6. Desarrolle la asertividad

Trabajar nuestra inteligencia emocional es un factor indispensable en el camino hacia una vida de vínculos saludables y gratificantes. La Cábala explica que Dios posee dos atributos que son la misericordia y la severidad, y con ambos da su energía divina a los demás. Esto nos muestra un ejemplo valioso a desarrollar: *ser buenos no implica dar indiscriminadamente, sino también analizar y hasta a veces actuar con severidad y firmeza.* Este concepto es definido por la psicología moderna como "asertividad", el arte de expresarnos firmemente a fin de manifestar lo que pensamos y sentimos de manera adecuada y adulta. Comience a practicarla en su vida. Imagine que está frente a la persona que lo vampiriza: ¿qué le gustaría expresarle y no se anima? Comience a redactar una carta donde exprese lo que piensa y siente honestamente hacia aquella persona con la cual mantiene un vínculo tóxico. No precisa entregar esta carta a nadie. Sólo es un primer paso para entrenar su habilidad de expresar lo que siente y piensa en forma adulta y segura.

7. Separe la paja del trigo

Es bueno comprender que usted puede querer cambiar su manera de relacionarse con el otro, incluso establecer límites y, mismo así, la persona puede enojarse y querer continuar vinculándose de manera tóxica. Estas cosas suceden, sobre todo si se trata de un vampiro energético que no está preparado psicológicamente para cambiar su forma dañina de relacionarse con los demás. En esos casos, puede ser necesario y conveniente distanciarnos de esa persona. Solo debe reflexionar: ¿tiene sentido vincularse con alguien que está mostrando y diciéndole que no cambiará sus actitudes tóxicas hacia usted?

8. Potencie sus vínculos afectivos saludables

Cultivar relaciones afectivas adultas, amorosas y gratificantes, es tan importante como dejar de lado los vínculos tóxicos. Son precisamente estos vínculos los que pueden ayudarnos a desarrollar mayor madurez emocional en nuestra persona, lo cual nos facilita cortar con las relaciones que no nos sirven. La amistad –sea con amigos o familiares– no es un regalo del cielo. Más bien es una semilla latente que precisamos regarla continuamente para que florezca y nos impregne con su aroma. Para ello es necesario trabajar nuestra apertura en compartir lo que nos sucede internamente. Es muy lindo salir y divertirnos entre amigos, pero si sólo permanecemos en ese canal, se vuelve un vínculo superficial. Es importante que usted busque los espacios para juntarse a compartir con sus amigos lo que siente y piensa. Cuando habilitamos esto en nuestra vida, los amigos se vuelven nuestros socios, guías, maestros y compañeros en el proceso de crecimiento. Usted puede contar con algún amigo que posee las cualidades de las cuales puede aprender e imitar. Comience ahora mismo por reflexionar con cuáles de sus amistades o parientes actuales quisiera profundizar más en el compartir de su vida. Acto seguido, contáctese y exprésele su deseo real de abrirse más auténticamente con ellos.

9. Desarrolle una comunicación adulta y clara

Los vínculos tóxicos se mantienen en el tiempo cuando las personas no practican una comunicación clara, adulta y sincera. Así, esa falta es rellenada con toxón: discusiones, descalificaciones, peleas y críticas excesivas. Los vínculos tóxicos se caracterizan por la repetición continua de este patrón disfuncional donde las personas no se escuchan ni respetan adecuadamente, y en cambio permanecen en un canal infantil, inmaduro y dañino. Aprenda a cultivar la capacidad de comunicarse adulta y claramente con los demás. Usted precisa practicar esta habilidad de tal forma que, ante cualquier invitación a vincularse tóxicamente, sepa rechazarla e iniciar una conversación adulta.

10. Visualización creativa

Visualizarnos potentes, vitales y capaces de hablar firmemente ante los vampiros energéticos, puede constituirse en una formidable herramienta para afrontar y finalizar con nuestros vínculos tóxicos. La visualización es una técnica por medio de la cual generamos una imagen interna de cómo nos gustaría vernos actuar ante determinadas situaciones. Su eficacia fue comprobada con grandes jugadores de la NBA como Reggie Miller, que fueron entrenados con ella. Si usted desea cultivar la seguridad, la firmeza y la confianza en su forma de hablar y poner límites, practique esta técnica por 5 minutos todos los días, durante un mes. Simplemente cierre sus ojos e imagínese sonriente, resplandeciente y actuando tal como lo desea. Es vital que repita esta técnica en forma periódica, ya que en los primeros días suele ocurrir que nuestra mente se rebela frente a la imagen deseada y comienzan a surgir pensamientos negativos o resistencias. Si usted persiste en la visualización puede llegar a generar cambios a una velocidad increíble que le sorprenderá.

11. Reconozca los pseudo beneficios que le reportan sus vínculos tóxicos

Generalmente permanecemos en los vínculos tóxicos porque obtenemos ciertos pseudo beneficios de los cuales no somos conscientes. Se llaman "pseudos beneficios" debido a que no son beneficios verdaderos. La persona obtiene ciertas ganancias ilusorias que le permiten sentirse momentáneamente aliviada, pero en el mediano plazo paga un costo muy alto con su salud. Miles de personas eligen permanecer en sus vínculos tóxicos porque ello les permite múltiples pseudo beneficios, tales como evitar hacerse responsables de sus miedos al rechazo o a la soledad, continuar con la dinámica familiar disfuncional que tenían previo al vínculo, comunicarse con alguien a falta de otra cosa, y muchos otros. ¿Usted es consciente de los pseudo beneficios que obtiene por estar involucrado en su vínculo tóxico? ¿Consigue vislumbrar los costos que le generan en su vida? Haga un listado de siete pseudo beneficios de su vínculo tóxico actual. Vuélvase más consciente de sus mecanismos inconscientes. Ese es un primer paso para luego poder cambiar.

12. Reconozca su lado vampiro

Los vampiros energéticos tienden a atraerse. A veces, aunque no desempeñemos el rol activo, nos dejamos vampirizar debido a que en nuestra propia vida somos mezquinos y poco generosos con nosotros mismos. Estamos habitados de manera inconsciente por la polaridad víctima-vampiro. Podemos estar pendientes de las necesidades emocionales de los demás, principalmente del vampiro energético que tenemos a nuestro lado; pero en lo que respecta a nuestra persona nos damos poco y nada. ¿Usted reconoce su lado vampiro? ¿Se da cuenta en que áreas de su vida se brinda poco a sí mismo? ¿Qué desea hacer al respecto? Elabore una lista de acciones que está dispuesto a brindarse a sí mismo para sentirse mejor con su vida.

Éstas son algunas de las estrategias globales que puede aplicar en su vida para lidiar eficazmente con sus vínculos tóxicos. Le recomiendo que se tome un tiempo para experimentar cada una de ellas y sentir sus efectos positivos. Entienda que usted se merece una vida plena sin cargar un "ancla de plomo" que consuma sus fuerzas y ganas de vivir. *Usted no precisa oscilar entre las puntas de su polaridad tóxico-intoxicado. No necesita seguir viviendo y perdiendo el tiempo entre el rol de vampiro energético o víctima.*
Es importante que comprenda que, a veces, puede llegar a precisar soporte profesional debido a que sus resistencias están muy altas, por lo que será difícil que usted solo pueda afrontar el estrés de finalizar con sus vínculos tóxicos.

Epílogo

¿Existe cura para un vampiro?

*"Sólo un exceso es recomendable
en el mundo: el exceso de gratitud".*
Jean de la Bruyére

Hemos llegado al final de este libro y cabe hacernos las siguientes preguntas: ¿Existe cura para un vampiro energético? ¿Puede una persona con actitudes tóxicas y negativas dar una "vuelta de página" y convertirse en una persona adulta y madura? ¿Los vínculos tóxicos son una suerte de maldición que debemos evitar a toda costa durante nuestra vida?

Un vampiro energético puede dar una vuelta y convertirse en una persona centrada. Solo es cuestión de querer y pedir ayuda. Nadie está "clavado en la tierra" sin la posibilidad de cambio. Sin embargo, es necesario alertar que no es un proceso sencillo. Por el contrario, la mayoría de las veces estas personas fracasan simplemente porque insisten en echar su responsabilidad a los otros.

En la película española *Te doy mis ojos*, el protagonista, Antonio, es un hombre violento que suele golpear a Pilar, su pareja. Llega un momento en que él se da cuenta del mal que está haciendo y decide concurrir a un taller para maridos violentos que le ayudaría a rehabilitarse de su conducta tóxica. Antonio comienza a hacer pequeños cambios alentadores que lo llevan a controlar más sus impulsos violentos; sin embargo, llega un momento en el que no aguanta y echa todos sus esfuerzos por la borda, volviendo a maltratar físicamente a su mujer. Es ahí donde se produce el quiebre en Pilar y se da cuenta de que no tolerará más esa violencia en su vínculo de pareja. Hasta ese momento ella estaba ilusionada con preservar la relación porque creía amarlo. Pero es ahí cuando se da cuenta de que Antonio no cambiará nunca y ella no está dispuesta a tolerar más esa clase de abusos. Pilar decide separarse de una vez por todas y abandona definitivamente a Antonio.

Todos tenemos la posibilidad de cambiar, pero ello demanda un esfuerzo real. Nadie dijo que sea fácil. Aunque le parezca extraño, miles de personas se obstinan en permanecer dentro de un vínculo tóxico con la secreta esperanza de que en algún momento el vampiro energético cambie sus pautas negativas. Pero un vampiro energético precisa reconocer su toxicidad y querer llevar adelante sus cambios. Sólo aceptando sus responsabilidades puede comenzar a alquimizar su estado tóxico y convertirse en una persona de bien. De otra manera, caerá nuevamente en su adicción a dañar al otro y volverá a reincidir en su conducta vampírica. Es por ello que también resulta fundamental trabajar nuestra aceptación del hecho que quizás el otro no desee cambiar y, por ende, no nos queda nada por hacer al respecto.

Un vínculo tóxico puede constituirse en una valiosa lección acerca de nosotros mismos, ya que nos enseña a desarrollar cualidades y recursos que se hallaban en estado de letargo. El Baal Shem Tov, un famoso místico iluminado judío, acostumbraba a explicar que de cada cosa que vemos y escuchamos podemos aprender algo. Podemos enfocarnos en lo bueno o elegir mirar lo malo. Respecto de nuestros vínculos tóxicos, tenemos la opción de quedarnos estancados en la amargura, desazón e insatisfacción, sintiendo que estamos purgando una condena a manos del otro. O podemos escoger preguntarnos: "¿Qué debo aprender de valioso respecto de este vínculo tóxico?".

A lo largo de mi profesión ayudé a muchas personas a salir enteras de sus vínculos tóxicos. Pero la señal más importante de madurez

emocional que observaba en estos pacientes es que, unos meses
después de haber terminado con esa relación negativa, lejos de
quedarse resentidos, se sentían agradecidos a la vida por haber pasado por esa experiencia. Ellos consideraban que el vínculo tóxico
los había ayudado a pararse de otra manera ante la vida. Gracias a
esa vivencia tóxica, ellos aprendieron a poner límites, expresar sus
sentimientos de manera adecuada, abrir sus ojos y estar atentos
para cualquier relación que se les presentase. Sin duda que estas
personas emprendieron sus siguientes relaciones afectivas y laborales desde una nueva óptica que quizás nunca hubiesen descubierto
si no hubiesen estado involucradas en un vínculo con un vampiro
energético. Quizás usted necesita transitar esta experiencia, aparentemente fea y desagradable, para desarrollar las cualidades y
virtudes que de otra manera estarían dormidas en su interior, sin
manifestarse en su vida. Por ello, un vínculo tóxico puede ser una
bendición oculta en nuestra vida. *Un vampiro energético puede
resultar un valioso maestro de vida que le enseñe, de una forma no
tan agradable, una importante lección acerca de usted mismo y de
sus potencialidades ocultas.* También podrá ayudarle a reconocer
sus "talones de Aquiles", a fin de trabajarlos y elaborarlos. Por ello
recuerde siempre agradecer a la vida por haberle enviado a esta
persona que, aunque parezca un enemigo, está brindándole una
ayuda irremplazable.

Bibliografía

Aguinis, Marcos. 1993, *Elogio de la culpa*, Planeta.

Berne, Eric. 1986, *Juegos que participamos*, Diana.

Bradshaw, John. 1993, *Nuestro niño interior*, Emecé.

Campbell, J. y Moyers, H. 1991, *El poder del mito*, Emecé.

Di Nucco, Hernán. 2007, *Diccionario de mitología*, Pluma y Papel.

Diccionario de la Real Academia Española, disponible en http:// www.rae.es

Goethe, W. 2000, *Fausto*, Agea.

Goleman, David. 1995, *La inteligencia emocional*, Javier Vergara Editor.

Hicks, Esther y Jerry. 2007, *La ley de la atracción*, Ediciones Urano.

Irigoyen, Marie. 2000, *Acoso moral*, Paidós.

Jung, Carl. 1995, *El Hombre y sus Símbolos*, Paidós.

Kertész, R. y A. 1995, *Plan de vida*, Editorial IPPEM.

Kertész, Roberto. 1997, *Análisis Transaccional Integrado*, Editorial IPPEM.

Majeski, Shloma. 2003, *Simjá: El enfoque jasídico de la alegría*, Editorial Bnei Sholem.

Nachtigall, Pablo. 2009, *Descubre el secreto: transforma tus sueños en realidad*, Editorial Tips.

Nasio, Juan D. 1991, *El dolor de la histeria*, Paidós.

O'Connor, J. y Seymour, J. 1992, *Introducción a la PNL*, Urano.

Rabí Shneur Zalman de Liadí. 2005, *Likutei Amarim del Tania*, Editorial Kehot Sudamericana.

Redfield, James. 2001, *La novena revelación*, Atlántida.

Rosen, David. 1996, *El tao de Jung: Una vida a la integridad*, Paidós Ibérica.

Sharma, Robin. 2007, *Éxito*, Sudamericana.

Stamateas, Bernardo. 2008, *Gente tóxica*, Vergara.

Twerski, Abraham. 1998-2006. *De generación en generación*, Lubavitch Sudamericana.

Zweig, C. y Wolf, S. 1999, *Un romance con la sombra*, Plaza & Janés.

Índice